# 走向卓越

## 清华大学新时代一流大学建设探索与实践案例

（第一辑）

本书编写组　编

清华大学出版社

北京

版权所有，侵权必究。举报：010-62782989，beiqinquan@tup.tsinghua.edu.cn。

**图书在版编目(CIP)数据**

走向卓越：清华大学新时代一流大学建设探索与实践案例.第一辑/本书编写组编.—北京：清华大学出版社，2023.1(2025.2重印)

ISBN 978-7-302-62444-8

Ⅰ.①走… Ⅱ.①本… Ⅲ.①高等学校－教育建设－研究－中国 Ⅳ.①G649.2

中国版本图书馆 CIP 数据核字(2022)第 258249 号

责任编辑：杨爱臣
封面设计：傅瑞学
责任校对：王荣静
责任印制：杨　艳

出版发行：清华大学出版社
网　　址：https://www.tup.com.cn，https://www.wqxuetang.com
地　　址：北京清华大学学研大厦 A 座　　邮　编：100084
社 总 机：010-83470000　　邮　购：010-62786544
投稿与读者服务：010-62776969，c-service@tup.tsinghua.edu.cn
质量反馈：010-62772015，zhiliang@tup.tsinghua.edu.cn

印 装 者：涿州市般润文化传播有限公司
经　　销：全国新华书店
开　　本：185mm×260mm　　印　张：17.5　　字　数：235 千字
版　　次：2023 年 3 月第 1 版　　印　次：2025 年 2 月第 3 次印刷
定　　价：68.00 元

产品编号：096669-01

# 序

清华大学党委书记　中国科学院院士　邱勇

建设世界一流大学是党中央、国务院作出的重大战略部署，也是中国大学面对时代命题做出的主动选择，事关我国高等教育综合实力和国际竞争力的整体提升，事关教育强国目标的实现。习近平总书记强调，我们要建设的世界一流大学是中国特色社会主义的一流大学。建设中国特色、世界一流大学不能跟在别人后面依样画葫芦，简单以国外大学作为标准和模式，而是要扎根中国大地，走出一条建设中国特色、世界一流大学的新路。习近平总书记的重要论述，为我国一流大学建设指明了前进方向，提供了根本遵循。

改革是大学走向卓越之道。党的十八大以来，清华大学以习近平新时代中国特色社会主义思想为指导，全面贯彻党的教育方针，坚持社会主义办学方向，以敢为人先的精神和自强奋进的姿态，扎实推进综合改革和"双一流"建设，积极探索扎根中国大地建设世界一流大学的发展道路。2014年10月，清华大学综合改革正式启动。学校以教师人事制度改革为突破口，把教育教学改革作为攻坚任务，协同推进科研体制机制改革、社会服务体制机制改革、资源管理模式改革、行政管理改革。2016年，清华制定实施全球战略，以开放带改革、以改革促发展、以创新建一流。在"双一流"建设过程中，坚持以学科建设为基础，以人才培养为根本，在引领性、独特性、贡献度和影响力等方面持续发力，努力在创建世界一流大学的进程中走在前列。经过不懈努力，学校发展活力和创新活力显著增强，办学质量、社会影响和国际声誉显著提升，世界一流大学建设实现了历史性的跨越。

# 走向卓越——清华大学新时代一流大学建设探索与实践案例（第一辑）

2021年4月19日，在清华大学建校110周年前夕，习近平总书记来校考察，对学校取得的成绩予以充分肯定，要求清华大学不仅要出人才、出成果，还要出经验、出示范。为贯彻落实习近平总书记来校考察重要讲话精神，充分展现清华大学关于中国特色世界一流大学建设的实践与思考，服务中国高等教育高质量发展，学校组织开展《走向卓越——清华大学新时代一流大学建设探索与实践案例（第一辑）》案例集（后简称案例集）的编写出版工作，全面梳理学校在综合改革和"双一流"建设中的典型做法，深入总结其中的有益经验。案例集将分辑出版，本书为第一辑，荟集了教育教学、学生思想政治工作、队伍建设、科研创新、社会服务、制度文化建设、国际交流合作、服务与保障、党的建设等9个方面的38个案例。每个案例先介绍相关背景，然后概述工作亮点，最后总结经验启示，使读者能够清晰把握每项改革实践的基本内容和关键举措，从而加深对一流大学建设的整体理解与全面认识。在此，我代表学校向为本书编写付出辛勤劳动的全体人员致以衷心的感谢！

走向卓越是一个永无止境、不断超越的过程。大学的卓越首先要体现在对本国、本民族发展作出的突出贡献上。只有在奉献国家的进程中，大学才能不断走向新的卓越。当前，清华大学正处于开拓高质量发展新局面、坚定迈向世界一流大学前列的关键时期，机遇与挑战并存，希望与困难同在。站在新的历史起点上，清华大学要以习近平新时代中国特色社会主义思想凝心铸魂，全面学习、把握、落实党的二十大精神，深化综合改革和"双一流"建设，把发展科技第一生产力、培养人才第一资源、增强创新第一动力更好结合起来，在改革创新中拓宽一流大学建设新道路，在服务国家发展中成就一流大学新高度，为全面建设社会主义现代化国家、以中国式现代化全面推进中华民族伟大复兴作出新的更大的贡献！

2022年11月

# 目 录

## 教育教学篇

"主题式、小班制、全过程深度浸润"的清华写作课
  ——通识必修课"写作与沟通"的创新教学与管理模式 …………… 3

求索创新教育　筑梦共赢未来
  ——探路拔尖创新人才培养新范式 …………………………………… 9

坚守教书育人职责　于变局中开新局
  ——新冠肺炎疫情下的全体系在线教学 ……………………………… 16

克服"唯论文"　强调"重质量"
  ——研究生学位评定标准改革的探索和启示 ………………………… 23

创建学生学习指导机构　探索思政教育新方式
  ——学生学习与发展指导的探索与实践 ……………………………… 29

创新飞行学员联合培养模式　服务军队与国防建设
  ——军事飞行人才联合培养体系建设与教育实践 …………………… 36

## 学生思想政治工作篇

抓住重要契机　生动开展爱国主义教育思政课
  ——以新中国成立 70 周年庆祝活动为载体的思政教育模式
  探索 ……………………………………………………………………… 45

探索新时代高校美育与思政教育融合新模式
　　——以原创话剧《马兰花开》创排为例……………………… 52

"好读书""读好书"
　　——充分发挥良好校园读书氛围在人才培养中的作用………… 58

拓展思政课堂多元场景　强化朋辈互学浸润教育
　　——探索以博士生讲师团为载体的"双一流"思政教育新模式…… 65

坚持自主培养　深耕体教融合
　　——清华大学射击队探索高水平运动员培养新模式……………… 72

理直气壮开好思政课
　　——思想政治理论课教学模式创新与实践………………………… 77

使命驱动　专业赋能　全面支持
　　——基层公共部门人才培养体系建设与实践……………………… 83

## 队伍建设篇

敢为人先　锐意改革　建设世界一流生命学科
　　——生命科学学院人事制度改革实践与探索……………………… 91

坚持"又红又专"　加强对优秀人才的政治引领和政治吸纳
　　——建设青年教师骨干领航工作站的探索与实践………………… 98

## 科研创新篇

立足国家需求　面向国际前沿　建设世界一流学科
　　——计算机科学与技术学科的发展与实践………………………… 107

立足前沿　服务国家　构建文科发展新格局
　　——文科建设"双高"计划的实践与探索………………………… 112

整理研究珍贵出土文献　传承弘扬中华优秀传统文化
　　——清华藏战国竹简的研究与阐释………………………………… 117

坚持自主创新　推动我国高温气冷堆技术实现领跑
　　——世界首座球床模块式高温气冷堆示范电站建设的探索
　　实践 …………………………………………………………… 122
"这是从中国实验室做出的、具有诺贝尔奖级的物理学成果"
　　——从量子反常霍尔效应的实验发现看一流大学基础研究
　　工作 …………………………………………………………… 128

## 社会服务篇

扎实开展对口支援工作　助力青海大学实现跨越式发展
　　——清华大学对口支援青海大学实践 ………………………… 137
做好定点扶贫工作　帮扶南涧县提前一年脱贫摘帽
　　——清华大学定点扶贫南涧县实践 …………………………… 143

## 制度与文化建设篇

夯实治理之基　构建中国特色现代大学制度体系
　　——清华大学"十三五"期间制度建设的实践和探索 ………… 153
打造数字人文课堂　让人文思想影响社会
　　——"人文清华"讲坛的实践和探索 …………………………… 160
彰显人文以文化人　荟萃艺术以美育人
　　——清华大学艺术博物馆的实践和探索 ……………………… 166
领时代文明新风　创一流文明校园
　　——以创建全国文明校园为抓手深化精神文明建设 ………… 173

## 国际交流合作篇

打造培养世界优秀人才的国际交流平台
　　——苏世民书院实践案例分析 ………………………………… 187
打造高层次、国际化的顾问委员会　助力世界一流经济管理学院建设
　　——经管学院顾问委员会20多年的运行实践和探索 ………… 193

打造有全球影响力的国际论坛
　　——世界和平论坛的十年探索路 ·················· 201
提升国际化能力　促进内涵式发展
　　——以清华大学"国际化能力提升计划"为例 ·············· 208

## 服务与保障篇

优化职能　理清职责　完善流程
　　——通过校机关机构改革提高服务效率和运行效能 ·········· 217
从"立规矩"到"见成效"
　　——推进内控建设、提升治理效能的实践与启示 ············ 223
强化学生社区育人功能　建立生活素质教育体系
　　——清华大学开展生活素质教育的探索与实践 ············· 229
面向教育教学改革　打造一流教学环境
　　——清华大学教室改建的探索与实践 ··················· 235

## 党的建设篇

以信息化赋能推动基层党建提质增效
　　——清华大学新版党组织党员管理系统的探索与实践 ········ 245
担当善作为　融合促创新
　　——清华大学融媒体建设的实践和探索 ················· 251
高质量开展全面从严治党集中教育月活动
　　——清华大学加强党风廉政建设宣传教育的探索与实践 ······ 259
深刻理解把握新时代巡视工作内涵　高质量完成内部巡视全覆盖
　　——清华大学党委巡视工作经验做法 ··················· 264

后记 ······················································ 271

# 教育教学篇

# "主题式、小班制、全过程深度浸润"的清华写作课

## ——通识必修课"写作与沟通"的创新教学与管理模式

## 一、背 景 情 况

习近平总书记在2021年4月19日考察清华大学时指出,"要用好学科交叉融合的'催化剂',加强基础学科培养能力,打破学科专业壁垒。"教育部于2020年印发的《高等学校课程思政建设指导纲要》中也强调,落实立德树人根本任务需要"将价值塑造、知识传授和能力培养三者融为一体、不可割裂"。

清华大学全面深化教育教学改革,坚持完善世界一流、中国特色、清华风格的本科教育教学体系,提出建立"以通识教育为基础,通专融合的本科教育体系"的人才培养模式,围绕"三位一体"教育理念积极探索打破学科专业壁垒、注重各学科交叉融合的通识课程建设理念与方案,提出了"立己达人,全人格的价值养成;审思明辨,批判性的思维能力;文理兼备,跨学科的知识结构"的通识教育总体目标。

在把握中国特色和清华风格、对标国外顶尖学府经验的基础上,清华大学经过调研,发现了一些目前通识课程建设中亟须解决的问题。一是通识课程内容存在"定位不清晰"的问题,一些通识课并不能有效提升学生逻辑思维、写作沟通能力等通识性能力。二是通识课程形式存在"粗放式、大拨轰"的问题,部分通识课程班级规模大、授课形式单一、师

生互动不足、学生获得感差。三是通识课程管理存在"偏松偏软"的问题,课程建设缺乏统一的质量标准。

为了有针对性地解决上述问题,清华大学着力建设高品质的通识课程,努力拓宽学生视野格局、提升学生逻辑思维和写作沟通能力、培育创新性思维和科学人文素养。根据学校第 24 次、第 25 次教育讨论会的精神,清华大学于 2018 年成立"写作与沟通教学中心"(以下简称写作中心),招聘专职教师建设面向全校新生的通识必修课——"写作与沟通"(以下简称写作课),以此作为通识课程改革的突破口。

## 二、主 要 做 法

学校注重顶层设计,"真金白银投入",全方位改革课程目标与教学理念、教学模式和教学管理机制,深入推进写作课建设。课程以"价值塑造和思维培养"为首要育人目标,打造了"主题式、小班制、全过程深度浸润"的教学模式,形成了"专职为主、注重过程管理"的教学管理机制。

### (一)以"主题式"课堂落实"三位一体"教育理念

写作课采用"主题式"课堂模式,每一个课堂都按照"无专业门槛,有学理深度"的标准确定通识主题,并围绕该主题遴选课程阅读材料、规划写作选题。注重在教学全过程落实价值塑造、能力培养、知识传授"三位一体"教育理念:在价值塑造层面,通识主题所蕴含的理想信念、家国情怀和创新精神成为课程思政的资源;在能力培养层面,通识主题所涵盖的学理争论和文献资料成为读写思维训练的对象;在知识传授层面,通识主题所包含的跨学科知识内容成为学生打开眼界的材料。目前写作课开设主题达 57 个,包括"学古探微""往事记忆""空间观察""探索生命""天工开物""时代棱镜""社群与社会""网络与未来"等通识交叉学科模块。

### (二)以"小班制、全过程深度浸润"创新课程教学模式

写作课在教学中创造更多学生参与、动笔和获得及时反馈的机会,提供"实践性强、互动性高、挑战性大"的课程平台,让学生在通识写作课中收获真实成长。写作课全部采用"小班制"课堂,即每个课堂都按照16人以下的小班组织,并在课时分配中安排不少于1/3的课堂讨论时间,通过研讨、辩论、互评等环节让每名学生都可以在小规模课堂中获得充分关注和参与机会,在实现课堂的"高互动性"的同时帮助学生获得思维、读、写、听、说多层次能力提升。例如,"切尔诺贝利"主题的写作课针对核设施建设的问题组织了同学们参与的模拟公共政策辩论。学生对此很有感触,在课程反馈中提到经过这次辩论,"自己开始慢慢学习独立思考,不让自己的头脑成为别人思想的跑马场"。

写作课把课外师生互动作为必需环节,创设了"全过程深度浸润"的写作学习情境。过程性的写作与沟通训练贴合"强实践性"规律,在"高挑战性"任务中激发学生自主学习兴趣。写作课要求每名学生在学期中完成前期训练、初稿、终稿等多阶段全过程的研究性说理性写作,与之相应,课程也要求授课教师对每名学生提供两次不少于30分钟的一对一"面批"指导,促进学生养成深入思考、注重思辨的习惯,不仅能深刻地提出问题,更能够在分析问题特别是"面批"的过程中激发创新精神、拓展思维深度。

### (三)以"朋辈学习、共同成长"提升写作与思维能力

写作中心还与学生写作社团、学生学习与发展指导中心联动,通过朋辈学习体系的建设推动深度浸润在课外课堂的实现。2020年初,突如其来的疫情为写作课传统教学模式带来新的挑战。为了保障学生的学习状态,发挥朋辈陪伴在疫情期间的积极作用,写作中心开设了"写作云工坊",引入"课程教师+领域专家+往届学生"的全员陪伴模式,每次"写作云工坊"均由写作中心1名专职教师主持,并邀请1~2名写作课

结课学生以前辈主播身份分享经验、直播问答,为学生的课外学习提供支持,实现经验分享和共同成长。此外,"写作云工坊"不定期邀请领域专家参与直播,分享对写作与沟通的见解。"写作云工坊"的尝试为写作课继续探索"朋辈学习"的潜力、发挥学生的主观能动性、实现学生共同成长奠定了扎实的基础。

写作中心与学生发展中心合作设立"写作助理(写作课专项)",遴选优秀的高年级写作课结课本科生担任"写作课学习助理",在教师一对一"面批"之外,提供一对一朋辈咨询辅导,帮助选课同学进一步打磨文章写作,夯实思维习惯。

除去对写作课学生的"深度浸润",在朋辈学习平台中,写作课结课学生也完成了从知识接受者到知识分享者的身份转变,在多种形式的活动中延续了说理性写作与创新性思维的训练过程,进一步生发写作的兴趣,从而实现长期、主动的写作教育"深度浸润"。

## (四)以"专职为主、注重过程管理"创新教学管理模式

为建设写作课,学校成立了"专职为主,院系名师补充"的教学团队。其中,为写作课招聘的专职教师达到 25 人。写作课的专职教师全部具有国内外一流高校的博士学位,拥有人文、社科、理学、工学、医学等多学科的研究背景,具备扎实的学术素养和写作功底,承担了超过 90% 的写作课工作量。课程还积极邀请了近 20 位来自不同院系的教师开设写作课,进一步丰富课程主题、强化"开眼"效果。

学校还成立了校级写作与沟通教学中心,并延聘校内名师组成中心教学委员会对写作课教学进行过程管理,以保证写作课"不同课堂、统一质量"。其中,中心教学委员会组织开课评审和课程研讨,推动教师课程建设和教学水平提高;中心统一设计课程基准流程和课程规范,并定期评估落实情况,严格把控开课质量;中心定期组织备课交流会、专家听课和教研活动,推动团队经验交流、营造合作氛围。

目前,"写作与沟通"课程每学年开设 230 余个不超过 16 位学生的

小班课堂,实现了本科一年级学生的"全覆盖"。"写作与沟通"课在学校的教学评估中成绩优异,呈现出师生高投入、教学成效显著、示范作用强的良好态势,是学生公认的"硬课、金课",成为学校高水平通识课建设的"领头羊"。

# 三、经验启示

清华大学以"写作与沟通"课程为抓手探索具有代表性的高水平通识教育理念与路径,取得了一定成效,在理念、模式、导向、布局多方面积累了经验。

## (一)提出"无专业门槛、有学理深度"的通识课程新理念

回答好"什么是通识课,什么不是通识课"是做好通识育人的首要问题。在"无专业门槛、有学理深度"新理念的指引下,写作课不再是文法常识的介绍课,而是通识内容丰富的"开眼"课;不再是规训式的文体模板练习课,而是逻辑思维和创新思维的提高课;不再是"就写作谈写作的"的基础技能课,而是健全人格、家国情怀、科学素养和创新精神的养成课。

## (二)开创"实践性强、互动性高、挑战性大"的高质量通识教育新模式

学生的高投入和高获得感是通识课程高质量、高挑战度的具体体现。在写作课建设中,清华从课程的"实践性、互动性、挑战性"入手,开创了高质量通识课程和通识教育的新模式。强调实践性,"只有写,才会写",写作课让学生在高强度的读写训练中培养写作能力;强调互动性,"只有反馈,才能提高",写作课让学生在高频的师生互动和朋辈互动中获得提升;强调挑战性,"只有磨砺,才能成长",写作课让学生在一门"需要跳一跳才能够得着"的课程中收获成长。

## （三）引领"合作研究、共同成长"通识教育示范新风向

教师水平提高和同行经验交流是通识课程可持续发展的动力。中心提供了明确、完备的教师成长规划路径，关注教师在思政育人、教学效果、教学学术方面的长远发展，设计明确、可实现的职业发展路径规划，提供相应资源支持，为教师提供个人发展激励。中心特别关注教师教学能力和教学学术能力的提升，建立"研究性、合作型"团队、以"研"促"教"，提供教学学术分享平台，鼓励教师形成教学积累以保证写作课教学高位、可持续发展。积极对外分享课程建设经验，通过教学沙龙、线上讲座、雨课堂克隆班、定制型慕课、开放观摩课堂等方式向校内外推介写作课教学模式。2020年全年参与写作课各类经验分享活动的人数近50万人次。写作中心与教务处从2018年开始每年举办全国写作课研讨会，先后吸引了近80所高校的近300名同行参加，为通识写作教育界同行开展教学理念与实践经验研讨提供了前沿的平台。

## （四）形成"凝聚共识、举全校之力"通识教育建设新局面

对优质通识课程加大投入力度是通识教育体系建设的资源基础。从世界范围来看，每学年面向近4000名学生开设50余个主题、200余个班次的大规模、小班制、高水平通识写作课还没有先例。学校通过建设以写作课为代表的优质通识课推动通识教育改革，用多种形式明确学校开展高效能通识教育的坚强决心，高度凝聚共识；持续投入资源，由副校长亲自担任课程负责人，成立"写作中心"与"写作中心教学委员会"，设置专职写作课教学系列岗位，开创了"为一门课程建设一个教学中心、设立一个教学委员会"的先例。最终以通识写作课的建设成效为支点，辐射带动全校范围内通识课程质量的整体提升，形成了通识教育建设的新局面。

（执笔人：梅赐琪、曹柳星、李轶男、程祥钰）

# 求索创新教育　筑梦共赢未来

## ——探路拔尖创新人才培养新范式

## 一、背景情况

"为什么我们的学校总是培养不出杰出的人才?"著名的"钱学森之问"将全社会对科技领域创新人才培养成效的关注提到了前所未有的高度和热度,也成为中国教育事业发展的一道艰深命题。习近平总书记在主持召开中央全面深化改革委员会第二十四次会议时强调,要全方位谋划基础学科人才培养,大力培养造就一大批国家创新发展急需的基础研究人才。清华大学把服务国家重大战略需求作为最高追求,不断探索基础学科领域拔尖创新人才培养。

清华大学钱学森力学班(以下简称"钱学森班")于2009年9月创办,是"清华学堂人才培养计划"暨国家"基础学科拔尖学生培养试验计划"唯一定位于工科基础的试验班,以发掘和培养有志于通过科技改变世界、造福人类的创新型人才,探索未来创新人才的培养模式为使命。12年来,细雨深润,禾苗茁壮。钱学森班围绕培养创新型人才、提升本科教育质量、激发学生内在动力、促进教学相长,用锲而不舍的实践探索与试错迭代努力回答"钱学森之问",取得了可喜的突破。

在清华大学的支持下,钱学森班师生携手构建了以"学生—问题—教练"三要素汇聚的创新人才培养"第一性原理"为核心抓手、以"进阶研究—精深学习"体系为辅的"清华钱班模式"。清华钱班模式实现了学生发现内心激情、知识自主构建、优秀师生互认、抓住重大机遇等创新成长必要因素的聚合,为我国力学界的教育改革树立了标杆示范,是一种对我国高等教育发展具有普遍意义的大工科拔尖创新型人才培养全新模式。

# 二、主 要 做 法

## (一) 落实进阶研究,帮助学生找到内心所爱

钱学森班自创立以来,始终注重激发"学生的热情与好奇心,让学生找到自己真正热爱、擅长的发展方向"。钱学森班意识到,本科生也可以很好地做研究,让学生自主探索研究方向,是帮助学生找到兴趣的最有效的方法,但同时要保证学生投入研究的持续性,不能遇到困难就退缩,才能达到训练的效果。为此,钱学森班构建了 ORIC(开放创新挑战研究)研究性学习项目,由学生自主提出具有挑战性和可行性的科研创新项目,自主寻找导师,自主开展研究,通过深度研究学习,激发内生动力和学术志趣。学生不受专业限制,有充分的选择空间和尝试机会。通过研究和实践,钱学森班打造了培养模式的核心——"进阶式研究学习系统",面向大一和大二本科生分别开展的是交叉创新挑战性问题研究(X-idea)和增强版学生研究训练(ESRT),面向大三和大四本科生开展开放创新挑战研究(ORIC)和高年级学生研究员项目(SURF)。X-idea 邀请有经验的杰出专家学者,就相关领域内意义重大、富有挑战性与颠覆性、本科生有能力深度参与的问题,与钱学森班同学深入探讨相关主题的前沿进展及未来可能开展的颠覆性研究。ESRT,指的是在多轮 SRT 中,学生在导师或高年级研究生的指导下,对 2~3 个研究领域进行为期一学期的技能培训与实践探索,奠定低年级本科生的知识和能力基础。SURF 项目则是资助钱学森班学生在全球顶尖高校和顶尖科技企业中研学和实践,让同学们在实战中检验研究能力、开拓视野、激励挑战精神。

进阶式研究学习体系不是以课程为目的,而是将学习和研究有机地融合在一起。让学生自主探索,在研究中学习,从点到线,再到面,逐渐

搭建知识框架。通过这样一个体系,学生的内生动力提高了,自主学习的激情得到了激发,同时大多数人也找到了想要探索的方向。

### (二)重塑课程体系,自主夯实知识根基

给学生"松绑"是清华大学近年来教育教学改革着力推动的方向,于本科生而言,学得多、学得全不是最要紧的,而是要注重学得深、学得宽。在这一方面,钱学森班做出了有益的探索。

钱学森班工作组经过十多年的实践,对课程体系做了细致深入的调研,并对标剑桥大学、麻省理工学院、加州理工学院等世界顶尖大学的工科课程,实现了对课时大刀阔斧的改革,将总学分降到了 148 学分,远低于其他工科院系 170 多学分的总要求。在全校率先推出本科荣誉学位课程体系,由数学、自然科学、工科基础、专业与研究、人文和综合与贯通 6 大类 18 门核心课组成,除核心课程外,学生可以根据自身兴趣和研究方向选择结构性课程,构建个性化知识与能力体系。科学问题的解决往往需要面对各种挑战。钱学森班在总学分上做"减法"的同时,在课程质量和挑战度上做"加法",开设高强度、高挑战度的"金课",形成深广兼备的"T"型课程结构。同样的课程,钱学森班会加大难度,比如数理基础课,完全是按照数学系和物理系的专业课设置,远超一般工科院系的课程难度。

在增加课程难度的基础上,正反馈也是钱学森班课程设计的一个基本指导思想。老师们注重培养学生的思辨能力,经常会提出更具有挑战性的问题考验学生,鼓励学生探索。学生在思辨和挑战的正反馈中,一步步为学习和研究打下基础。

钱学森班促进学生养成了精深学习和挑战性学习的学习方法。学生通过主动、反复地去学习所涉及的知识点,进而开阔视野,找到想做的问题,提升学生多学科知识的自学能力,拓展知识的深度和宽度,构建能力体系。

### (三)呵护学生成长,师生共建"钱班之家"

钱学森班坚持以学生为中心的理念,鼓励老师做学生的呵护者、引

路人。

有一位学生在研究中遇到困难时,向首席教授郑泉水寻求帮助。郑泉水带着他在清华校园里边走边讨论,势能函数、微分几何、张量理论……这些名词帮学生打开了思路。这位同学后来在麻省理工学院机械系攻读硕士学位时萌生了转系的想法。专注于研究活细胞力学模型的他,在硕士阶段又对多细胞生物系统的涌现和复杂系统的动力学产生了浓厚兴趣。对于这一领域,物理系有更匹配的导师和平台,但可能意味着一切要从头开始。犹豫纠结之际,他求助钱学森班的老师们,并得到了钱班老师们的大力支持,他勇敢追寻自己的热爱,转到物理系在新的研究方向上继续钻研。

钱学森班相信,创造条件帮助学生,呵护他们的创新意识,使得他们的能力得到充分发挥,不仅能让学生深度学习和找到兴趣方向,而且对导师也特别有帮助。汽车系教授周青对此感触很深。在指导钱学森班学生科研之前,他坦言自己"看不准学生",不是很了解学生的科研兴趣、性格、品质,而在他开始指导钱学森班学生做科研后,情况大为改观,这也激发了他以更大的热情投入学生培养。在钱学森班,学生不是被动的接受者,而是参与者、共建者。钱学森班日常会举办各种形式的师生互动活动,教师与学生定期面对面聊天谈心、积极组织集体活动,教师与学生一起成长进步。

钱学森班的另一个特色是"不断追求卓越、持续激励他人"的钱班文化,倡导朋辈互助、携手共进。钱学森班开设交叉创新挑战性问题研究(X-idea),学生不仅是课程的参与者,也是课程的建设者。高年级同学持续参与课程设计,带领低年级同学进行精深学习,并邀请其他学堂班和其他院系的同学们一起分组讨论不同方向的研究。钱学森班早年成立了"班友会",定期举办 X-idea 工作坊,邀请历届学生主讲个人研究领域,激发低年级同学主动提问和探索。近年来,班友会还发起了海外 Mentor 计划,毕业的学长们在升学、科研方向选择、海外导师推荐等方面为学弟学妹们提供一对一指导和帮助。在班友会的平台上,低年级的同学们找到了暑期研究实践、海外研学等优质资源。

### （四）践行多维评价机制，构建人才培养社群

在"施教"之前，如何选拔出可能成为"领跑者"的学生，是钱学森班持续思考的课题。钱学森班在十余年探索中认识到，破解"钱学森之问"所面临的挑战，不仅仅是四年如何培养创新型人才的问题，还包括如何识别并招入具备成为创新型人才的"苗子"。

在不断探索和优化学生综合评价系统后，钱学森班建立了对拔尖创新人才潜质的五维测评体系，通过长期、多维度的创新人才评价指标开展招生、本科培养和毕业后的跟踪。五个维度如下：

一是内生动力，对科学发现或技术创新有着迷般的极强志趣和不断追求卓越的内在力量；

二是开放性，有强烈的求知欲、好奇心，具有批判性思维和提出有意义问题的习惯，能从多角度看问题，有敏锐的观察力，有思维深度等；

三是坚毅力，包括改变和突破自我的勇气，拥抱失败、屡败屡战，对目标锲而不舍的追求和专注，耐得住寂寞、坚持到底等；

四是智慧，不仅包括智商，还综合了从他人、从失败、从实践中学习和领悟的能力；

五是领导力，主要衡量远见卓识、奉献精神、沟通表达能力、团队协作能力等。

以创新挑战营为载体，钱学森班通过多维考察，有效发掘、引导和鼓励富有学术兴趣和创新潜质的学生开展研究性学习，让有志于攀登世界科学研究高峰的最优秀学生脱颖而出。

钱学森班从人才培养各环节发力，与中学、大学、业界开展广泛深入的合作，构建创新人才培养社群。改革单一招生方式，与清华附中、人大附中、深圳中学等全国几十所顶尖中学共享创新教育资源，引导优秀中学生开展研究性学习，建立拔尖创新人才培养与选拔的有效联动机制。强化与国内其他大学的协作，与中科大、哈工大、复旦等大学共建拔尖创

新人才教育联盟,总结推广、相互学习借鉴育人经验。与华为等一批顶尖科技企业共建拔尖创新人才培养合作生态,引导学生参与国家科技发展战略前沿领域的重大挑战性问题。

12年来,钱学森班绝大多数学生毕业后都选择了科研道路,继续在国内外一流大学和研究机构攻读博士学位。部分学生完成了博士阶段的研究学习,在学术界开始崭露头角。丰硕的人才培养成果也促使钱学森班吸引了更多更好的生源和全球顶尖高校和科技企业不同领域、越来越多杰出的、有经验的导师主动深度参与到钱学森班的拔尖创新人才培养中来,形成了良性循环的局面。

# 三、经验启示

## (一)两个重要启示

钱学森班的12年实践,沉淀下来两个重要启示。

一是只有高度自主,才能持续推进教育模式底层创新。清华坚定地赋予钱学森班首席教授高度的自主权,"珠峰计划"持续稳定的资金支持,保障了钱学森班得以快速迭代优化,成就颠覆性创新。二是只有充分开放,才能极大汇聚拔尖培养核心要素。通过纵向打通基础教育与高等教育壁垒,横向汇聚国内外高校和科技产业顶尖培养资源,在激发、识别和培养拔尖创新人才的能力上实现了质的飞跃。

## (二)四条可以推广的经验

钱学森班的12年实践,总结出四条可以推广的经验。

一是创新人才培养需要突破分科限制,尤其是不要过早走上专科培养的道路,让学生具备多学科交叉、文理综合的背景和视野。二是尽可能让学生接触产学研前沿的重大问题,引导其将个人追求与重大问题相互共振,进一步激发其探索欲望。三是导师以顾问和研究伙伴的角色出现,鼓励学生大胆探索前沿未知领域,为避免导师自身的研究视野限制,由不同背景的导师组成导师团,创造跨学科讨论研究的学术氛围。四是建立面向创新能力提升的正反馈激励机制,弱化原有的考试检验机制,代之以中长周期评价。

(执笔人:郑泉水、徐芦平、何枫、陈常青)

# 坚守教书育人职责　于变局中开新局

## ——新冠肺炎疫情下的全体系在线教学

## 一、背 景 情 况

2020年伊始，突如其来的新冠肺炎疫情对传统教育体系和线下教学模式带来了严峻的挑战。中国是第一个在疫情期间坚持不停教、不停学的国家，清华大学则开启了全世界高等教育第一次全校性大规模实时、互动、异地、分散的在线教学变革。

2020年春季学期，全校共开设在线教学课程4471门次，完成课程77223场次，上课师生超过268万人次，总时长超过429万小时，做到应开尽开，环节不减、标准不降，实现了在线教学、在线研讨、在线考试、在线答辩、在线展览、云端毕业全过程培养流程。

新冠肺炎疫情是一场全球性的灾难，也是所有人共同面临的挑战。大学是人类文明的灯塔，教育撑起人类未来的一片蓝天。在这场关乎人类命运的重大挑战面前，大学必须担负起应有的责任。

## 二、主 要 做 法

### （一）有效传递"真上课、上真课"的清晰理念和坚定决心

清华大学始终坚守立德树人的初心使命，疫情暴发后做出"延期开学、如期开课"的决定。各单位和全校师生闻令即动、快速响应，逐一做

好在线培训、技术支持、师生沟通等工作,确保各项部署有条不紊落实推进,利用信息技术手段全方位推进在线教学。做到在线教学服务保障面向全体师生,一个人都不能少;在线课程应开尽开,一门课都不能少;在线教学管理和培养全过程,一个环节都不能少。

### (二)做好教学方案顶层设计,有效建立教学体系运行机制

学校成立三个在线教学专家组(在线教学指导专家组、在线教学质量保障专家组、在线教学技术保障专家组)和一个保障工作组(学生学习保障工作组),从教学指导、质量保障、技术保障、学习保障等方面做了兼具专业性和可行性的顶层设计,为全校师生提供全面支持,与资源、平台、工具、评价相关的各种新信息均可由专家组或工作组发出,直接传递给教师和学生,为新学期在线教学"保驾护航",这是在应急时期使管理工作度扁平化、信息流转高效化的有效举措。

学校建立起教师、助教、学生三级远程教学培训体系,专家组制作各种技术指南,内容包括教室教学、课件制作、视频录制、在线会议等,制定了开课前备忘清单和应急预案(甚至包括教师端停电断网的方案),给出了不同类型的在线教学设计案例,整理了《在线学习108问》,保证师生掌握在线教学技能。各院系及教学单位成立教学工作组,正职领导担任组长并带头参加在线教学培训,建立对困难师生"一对一"的联络帮扶机制。

### (三)充分激发师生的积极性、主动性和创造性

精准支持学生需求,一人一策解决问题,为700多位有需要的学生提供特殊困难补助,为国际学生提供双语学习资料,保证同学们无论身处国内还是国外,无论在发达城市还是边远山区,都能获得"学"的机会,做到"一个都不能少、一个都不掉线"。

着力解决部分教师在线教学"零基础"问题,组织每位教师开课前进行试讲,努力适应新的教学方式。物理系95岁的老教授张礼先生在线

上课、答疑,软件学院副教授杨铮改造升级在线教学"十大神器",远在瑞典斯德哥尔摩的魏达格教授克服7个小时时差为11名本科生在线授课,展现了教师们教书育人的执着热情。特别是体育部教师千方百计实现了在线上体育课这件在很多人看来不可想像的事,2020年春季学期374门课程全部顺利开课,学生选课11116人次。美术学院毕业生克服困难、坚持创作,高质量地完成毕业作品,师生自主设计开发线上布展系统,把282名本科毕业生和167名硕士毕业生的1000余件毕业作品搬上"云端",举办了一场特殊的线上毕业作品展。师生们坚持"课比天大""一个都不能少",无论身在天南海北、世界各地,都以饱满的精神状态上好每一节课,体现了高度的责任感和使命感。

## (四)大力推动线上教学技术创新,建设智慧教学平台

近年来,学校持续推动信息技术与教育教学的深度融合,更新教育理念,变革教育模式。2013年发起成立"学堂在线"平台,目前已成为全球学习者规模第二大的慕课平台。截至目前,学校共推出超390门慕课,其中144门获评国家级一流本科课程,位列全国高校之首。2016年学校自主研发智慧教学工具"雨课堂",创新学习方式,促进师生互动,提升教学质量。

在前期工作基础上,疫情期间建立了对接腾讯会议、会畅通讯、ZOOM三个平台的教学保障专门团队,筹备了一批视频直播教室。为了保证在线教学的稳定性,"雨课堂"设立了专门的服务器,并在世界各地增加了分发节点。教务部门为有需求的任课教师集中购置了手写板1060台。学校还出台了疫情期间师生校园网免费流量不设限额的政策。

"雨课堂"为在线教学提供了坚实的技术支持,实现了多样便捷的师生互动,帮助教师及时掌握学生学习状态,支持学生随时回看复习,并通过师生互动不断升级迭代、完善功能,逐步成为完全胜任在线教学的利器。

### （五）让学生做自己学习的主人

从"学"的角度看，清华的在线教学为学生的自主学习、多样成长提供了更加广阔的空间。雨课堂的回看功能，使学生能够对难懂的知识点"多看几遍"；弹幕、投稿等功能，让学生可以根据自己的需要，请老师"再讲一遍"。在线教学、在线答疑，以及各类在线的学术交流活动，使同学们多样化、多层次的学习需求得到了满足，也激发了同学们主动获取学习资源的积极性。

在线教学期间，学校设立"未央计划"，让同学们能够以在线旁听的方式"横扫清华好课堂"。"未央"来自清华校歌歌词"春风化雨乐未央"，寓意同学们在学习上的自由探索是无止境的，学习的乐趣是无穷尽的。"未央计划"让同学们获得了广泛听课的机会，让同学们能够在轻松的状态下，充分享受学习的乐趣和成就。2020年春季学期，全校34个院系的141门次课程进入"未央计划"，选课人数2万人次。

发起"线上自习室"的活动，让学生自主相约以网上见面的方式一起学习，共同营造学习氛围。帮助学生提升自主学习的能力。疫情期间，同学们最大的困难是家里没有学校的学习氛围。我们相信，自主学习的意识和能力将让同学们终身受益。

### （六）以开放精神充分担当社会责任

疫情期间，清华大学为国内高校开设147个雨课堂"克隆班"，将清华的课堂"原原本本、原汁原味"地共享给兄弟高校。清华于2013年发起建立的"学堂在线"平台上2200多门慕课，于疫情期间全部免费向社会开放，清华原创智慧教学工具雨课堂向社会开放。"学堂在线"跃升为全球学习者规模最大的慕课平台，雨课堂的用户数在2020年6月已经接近5000万人。

随着新冠肺炎疫情在全球蔓延，世界其他国家的大学也纷纷选择了在线教学。2020年3月27日，清华大学作为亚洲大学联盟主席单位，在线主办了"大学抗击新冠疫情特别工作会议",全球 14 所大学的领导人共同参与。清华宣布设立"春风基金国际科研项目"支持计划,推动大学开展抗击疫情国际联合科研攻关,得到了各参会高校的一致认同和积极支持。4 月 24 日,清华大学与联合国教科文组织联合发起全球大学特别对话,15 个国家 21 所大学的领导人和专家学者,以及联合国教科文组织代表相聚云端,共商全球疫情蔓延下的在线教育挑战与变革,共谋交流合作新发展。在共同挑战面前,全球大学应该加强交流与合作,携手共克时艰。清华的探索和分享得到了同行和伙伴们的积极反馈和充分认可。

7 月 3 日,在面向全校师生校友,国内 600 余所高校、各省市教育厅局相关部门的负责人,国外 228 所高校及联合国教科文组织、亚洲大学联盟等国际合作伙伴的"云上学堂"交流会上,清华大学提出建设更开放、更融合、更有韧性的大学,实现更加普惠的高质量教育。12 月 9 日至 11 日,世界慕课大会在清华召开,《慕课发展北京宣言》同期发布,清华发起成立世界慕课联盟并担任联盟首届主席单位。联盟将利用互联网线上平台建立覆盖各地区的多元社区,推进高质量慕课与在线教育发展,促成教育科技创新的国际双边和多边合作。

### (七)与教学实践同步推进在线教育研究

面对在线教学的全新探索,清华师生坚持在干中学、在学中干。教育研究院成立在线教学研究课题组,推进关于在线教学政策、效果和典型案例的持续研究。4 月 24 日发布《清华大学疫情期间在线教育阶段性研究报告》,7 月 3 日"云上学堂"交流会再次发布相关成果。研究表明,在线教与学行为表现出较强的自我适应性,教师的关注点经历了从"技术"到"行为"、再到"理念"的转变,教师在线教学能力大幅提升,课内师生互动持续提升,学生总体满意。研究同时也发现,学生在线学习也存在较难长时间保持专注、生生互动尚不充分等挑战。

# 三、经验启示

疫情期间,学校全方位推进的线下线上融合式教学体系,为特殊教学环境下高质量开展教学工作提供了新的解答思路,对互联网时代教育教学模式进行了全新思考与定义,引领了全球高校在线教育的变革。"所谓课堂者,非谓有教室之谓也,有师生之谓也。有师生在,课堂就在。学生在哪里,课堂就延伸到哪里。"

## (一)以教学技术突破推动教学模式突破

通过推进融合式教学,利用不断创新丰富的线下线上融合、跨学科融合、教育与产业融合、理论与实践融合、跨国融合等路径,变革教育模式,创造新型教育教学场景,构建教育教学新常态。不断突破教学技术,加强VR/AR与虚拟实验室等资源建设,支持教师创新教学内容、强化师生互动,重构教学组织,重新定义课程和课堂教学,支持学生更直观深入地开展学习,满足学生对学习资源与场景的多样化需求,"互联网+""智能+"技术在教学中的广泛应用及不断迭代升级,持续释放了技术服务教学的巨大潜能。在线教学的经历让更多教师更加注重师生互动和对学生学习状态的实时把握。很多课堂在恢复现场授课后,教师仍然使用了在线教学中熟练掌握的工具和手段。在线教学持久地改变和提升了教师的教学理念和方法,不少老师说,"我们再也回不到从前了"。

## (二)以教学资源共享扩大教育影响力

加大力度推进优质中英文慕课建设,持续发挥清华在慕课规模与质量上的全球引领作用。依托克隆班增强优质课程资源辐射力,创新资源贡献模式,有力地促进了教育公平。打造一批高质量的全球公开课,提升教育对外开放能力,"讲好中国故事,传播好中国声音"。在清华园里蓬勃开展的这场在线教学的探索,是清华历史上一次有重大意义的创举,与全球伙伴携手应对人类共同的挑战,也开创了在线教学新局面。在危机面前,清华大学以强烈的责任感和使命感,用坚决的行动展现了教育的力量,让教育撑起了人类未来的一片蓝天。

(执笔人:程曦、杨帆、汪潇潇、尹佳)

# 克服"唯论文" 强调"重质量"

## ——研究生学位评定标准改革的探索和启示

## 一、背景情况

研究生教育肩负着高层次人才培养和创新创造的重要使命，是国家发展、社会进步的重要基石。从20世纪90年代开始，我国众多高校陆续将在国内外期刊发表学术论文作为研究生申请学位的前置要求。这一做法促进了研究生及其指导教师与国内外学术界的交流，不断提升学术研究水平。但是过于看重论文数量也导致了学术功利化和学术浮躁，出现了在确定学位论文选题时"追热点"、在研究生学术评价和学位评定中"数论文"等简单化、指标化的不良风气。

2018年，习近平总书记在全国教育大会上指出，要深化教育体制改革，健全立德树人落实机制，扭转不科学的教育评价导向，坚决克服唯分数、唯升学、唯文凭、唯论文、唯帽子的顽瘴痼疾，从根本上解决教育评价指挥棒问题。2020年，全国研究生教育会议提出，全面贯彻党的教育方针，落实立德树人根本任务，以提升研究生教育质量为核心，深化改革创新，推动内涵发展。2020年，中共中央、国务院印发《深化新时代教育评价改革总体方案》，强调要坚决克服"五唯"顽瘴痼疾，加快推进教育现代化、建设教育强国、办好人民满意的教育。人才培养质量是研究生教育的生命线，提升高层次人才培养质量，必须扭转不科学的评价导向，深化研究生教育质量保障和评价体系改革。

清华大学深入学习贯彻习近平总书记关于研究生教育工作的重要

指示、全国教育大会和全国研究生教育会议精神,认真落实国家关于研究生教育改革、教育和科技评价制度改革的要求,以推动研究生学位评定标准改革为突破口,提升研究生教育质量。2019年4月,清华大学发布《关于完善学术评价制度的若干意见》,明确了重师德师风、重真才实学、重质量贡献的学术评价导向,全面启动研究生学位评定标准修订工作。2020年3月,学校相继发布《研究生申请学位创新成果标准规定》和《关于进一步加强研究生学位论文质量全过程管理的意见》,明确不再将发表学术论文数量作为申请学位的前置条件,而将学位论文作为学位评定的主要依据;坚持对学术质量的追求,而不能把学术权力交给期刊编辑和审稿人。同年6月,全校36个学位评定分委员会的41份《研究生申请学位创新成果要求》全部审议通过,清华大学在全国高校中率先完成了研究生学位评定标准改革。

## 二、主要做法

### (一)"破""立"结合,把学位论文作为创新成果评价主要依据

清华大学从1998年9月开始实施《研究生在学期间发表学术论文基本要求》。改革后,新的研究生学位评定标准体系提出了"创新成果"的概念和评价原则,把学位论文作为学位评定的主要依据,把研究生在攻读学位期间独立完成的多元化的学术创新成果作为重要参考,而不再把发表学术论文的数量、影响因子等作为申请学位的前置条件。同时,进一步明确创新成果的评价标准,强调研究生用于申请学位的创新成果,应当在相应学科领域具有先进性,体现一流水平、具有创造性。这一改革举措有利于解除研究生"发表学术论文才能申请学位"的后顾之忧,激励研究生在学术研究中勇闯"无人区"、坐热"冷板凳",致力于研究解决对国家至关重要的基础前沿难题和关键核心技术等"卡脖子"问题。

## （二）尊重学科和专业学位类别差异性

学术评价标准和评价制度不可能千篇一律。清华大学深刻认识并切实尊重不同学科在人才培养、学术研究、服务社会等方面存在的客观差异，通过改革进一步强化各学位评定分委员会的主导作用，明确由学位评定分委员会根据各学科的特点制定研究生申请学位创新成果的具体标准及相关认定程序，结合研究生培养目标区分学术学位和专业学位研究生创新成果要求。例如，学术型博士学位要求对本学科知识作出原创性贡献，工程博士学位要求针对工程领域前沿及重大问题做出具有重要实践价值的创新性成果。这使得学术学位和专业学位研究生分类培养、分类评价得到更有效的落实。

## （三）严格培养环节全过程指导和管理

研究生培养是由多个环节相扣而成的，薄弱之处往往就是研究生教育质量管理的痛点难点。清华大学通过修订攻读博士、硕士学位研究生培养工作规定，进一步加强了研究生培养全过程管理。要求指导教师在研究生课程学习、专业实践、论文选题、研究攻关、成果总结、论文写作和发表等培养环节中加强全过程指导，要求院系完善各培养环节的实施细则、考核要求和考核方式，健全和落实分流退出机制，充分发挥最终学术报告等培养环节对学位论文研究的进展督促和质量把关作用。各院系在实践中因地制宜创造了一系列特色做法，有效强化了研究生培养的薄弱环节，为提高研究生培养质量提供了可靠保证。

## （四）发挥学术共同体在学术评价中的关键作用

自律、负责任的学术共同体是推动学术生态健康发展的内在动力。新的研究生学位评定标准体系强调了学校和院系学术共同体在研究生学位论文质量评价和学位评定中的职责。研究生是其学位论文的直接责任人，指导教师是研究生培养的第一责任人，答辩委员会全面考查研究生的理论基础、专门知识、研究能力、成果水平和学位论文质量后给出客观公正评价,学位评定分委员会全面审核研究生的综合表现后作出学位授予建议。同时,指导教师评议意见、公开评阅人名单、答辩委员会成员名单及答辩决议书被统一编入学位论文,学术共同体的监督作用得到更好的发挥。

### (五)强化学位论文质量监督和抽检力度

新的研究生学位评定标准体系把学位论文作为研究生学位评定的主要依据,因而更加要求学位论文本身质量必须过硬。各学位评定分委员会和各院系进一步健全同行评价工作机制,学校加强对已授博士、硕士学位论文质量的监督,将已授学位论文抽检频率从每两年一次增加到每年一次,由校学位评定委员会全体会议设置专门议题,审议各级学位论文抽检认定"存在问题"学位论文的核查和整改工作,并将抽检评估结果纳入指导教师招生指导资格审查和院系年终考核。

清华大学研究生学位评定标准改革取得了积极的成效。2018年和2019年,全校分别有163人和171人因学术论文发表数量不满足要求而未能申请学位;分别有79人和80人因学位论文质量未达要求未能获得学位。2020年全面实行学位评定标准改革后,全校无一人因学术论文发表数量不满足要求而不能申请学位,但有156人因学位论文质量未达要求不能获得学位。数量门槛取消了,质量标准提升了,新的学术质量观进一步树立。2020年以来,学术型博士生培养方案已实现分流退出要求全覆盖,研究生学位论文答辩不通过、学位评定分委员会缓议学位申请的数量明显增加,学术共同体的学术责任感和把关力度进一步增强。

## 三、经验启示

### (一)要提高思想认识,坚定改革信心

教育评价事关教育发展方向,有什么样的评价指挥棒,就有什么样

的办学导向。一流大学要有一流的学术标准和完善的学术评价制度,推进学术评价改革必须坚定信心,引导师生深刻理解学术评价改革的意义,理性认识"量"与"质"的关系,准确把握破除"唯"的含义,让改革的过程成为统一思想、凝聚共识的过程,从而更好地调动各方积极性、推动各环节主体责任有效落实。

### (二)要坚持"破""立"并举,系统推进改革实施

破除"唯论文"倾向的最大难点既在于"破",也在于"立"。"破"的是短视行为和功利化倾向,是不正确的学术质量观;"立"的是重质量贡献的评价导向,是有利于学术生态长远健康发展的体制机制。要想"立"得住,不仅要回答好"学位论文质量如何评价"的问题,更要回答好"如何保障和提升学位论文质量"的问题。必须系统推进改革实施,大至整个培养过程质量保障机制的设计,小至学位论文评阅人选定办法之类的细节,都需要统筹考虑、有序实施,相关配套措施也要联动推进,才能保证新的评价体系"立"得住、"立"得稳。

### (三)要勇于先行先试,探索改革有益经验

研究生学位评定标准改革涉及学生切身利益,关乎学科建设长远发展,不能"一刀切",也不能一蹴而就。清华大学在改革中注重弘扬"基层出经验、基层出政策"的优良传统,选择不同学科大类中工作基础好、积极性高的学位评定分委员会开展学位评定标准改革试点工作,在试点基础上,将达成共识的好经验好做法总结提升为统一要求,在全校范围加以推广;对于尚未形成共识的做法,仍然鼓励学位评定分委员会结合学科专业特点和相关院系实际制定方案。实践证明,先行先试、分步推进,是稳妥实施重要改革的有效办法。

### (四)要完善建章立制,促进学术生态建设

学术评价制度与学术文化、学术生态紧密相关,反映了一所大学的

自身定位和追求。好的学术生态需要完善的学术评价制度和良好的学术文化作为基础和保障。研究生学位评定标准改革要与完善学术评价制度相结合,与推进学术共同体建设相结合。要加强文化与制度的衔接,用好的学术评价制度促进好的学术生态形成,用好的学术生态保障好的学术评价制度执行,让师生在宽松包容的学术环境中自由探索,坚守学术道德和学术诚信,永攀学术高峰,创造出更多高质量学术成果。

(执笔人:杨帆、续智丹)

# 创建学生学习指导机构
# 探索思政教育新方式

——学生学习与发展指导的探索与实践

## 一、背景情况

习近平总书记在同各界优秀青年代表座谈时指出,"青年人正处于学习的黄金时期,青年人应该把学习作为首要任务,作为一种责任、一种精神追求、一种生活方式,树立梦想从学习开始、事业靠本领成就的观念,让勤奋学习成为青春远航的动力,让增长本领成为青春搏击的能力。"学习发展是学生成长的重要环节,直接影响到高校人才培养的质量和水平。深入研究中国大学生学习成长规律,解决好学业发展的根本问题,才能为学生发展奠定良好的基础。

随着时代的发展,学生们也提出了学业发展上的新需求,如在从中学迈入高等教育的过渡阶段,很多学生在学业规划、时间管理、专业认知与选择等发展性问题上存在不同程度的困惑,迫切需要专业的指导;学生的个性和发展潜力千差万别,需要及时、准确地制定有针对性的培养方案;严峻的学业挑战影响自信心,甚至引发严重的心理问题;部分学生群体迫切需要夯实学习基础、提升学习能力、加快文化融入,尤其需要个性化的学习与发展指导。

为解决学生成长成才过程中的各类问题,全面提高人才培养质量,2009年,清华大学在中国高校中率先成立了专门的学业指导机构——学生学习与发展指导中心(以下简称"学习发展中心"),旨在研究学生学习与发展的客观规律,提供指导、咨询和支持服务,开展因材施教项目,提高学生可迁移学习能力。中心成立至今,累计服务超过45万人次清华学生,各项服务满意率保持在90%以上。以2020年为例,主动使用中心提供各类学习发展支持服务的学生超过20万人次,实现了近4000名本科新生全覆盖。2020年上半年,中心一对一咨询、答疑等个性辅导达到5629人次,平均每天有25人接受了中心至少30分钟的一对一指导,学生满意率超过97%。

## 二、主要做法

学习发展中心,坚持问题导向、贯彻"三全育人"理念,深入分析学生特点,挖掘凝练学生需求,打造专兼职结合学习与发展指导工作团队,提供专业有效的指导服务,搭建师生、生生互动平台,有效促进教学质量提升。在大学生学业指导方面探索出如下三条工作经验。

### (一)面向全员,构建"三位一体"全频谱指导体系

学习发展中心通过深入、长期的跟踪调研,掌握了清华学生从大一到博士,各关键发展阶段所面临的学习和发展两大类实际问题,结合教育学、心理学、学习科学等理论知识和数学、物理、语言等专业学科的理论知识,设计构建了分层次全覆盖的学业指导服务体系(见图1)。

该体系贯彻"三位一体"教育理念,面向全体本科生与研究生、各类特别关注群体、有特殊发展潜质的学生在不同层次能力素质上的成长需求,围绕大学适应、专业认知、学习能力提升等学生特别关注的发展问题,整合多样的学习与发展指导资源,设计通用或定制的教育模块。在"价值塑造"层面,重点帮助学生增强社会责任感,具备不断突破自我、追求卓越的勇气。在"能力培养"层面,重点帮助学生增强自主学习、批判性思维、自我认知、信息整合与决策、沟通表达等能力。在"知识传授"层面,重点帮助学生掌握本学科专业知识,同时扩展跨学科知识。中心推

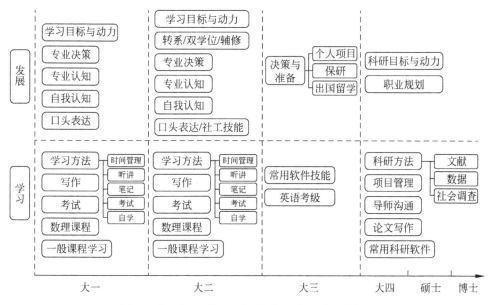

图1 "三位一体"全频谱学业发展指导体系

进学生因材施教计划,支持学生个性化发展。如学生领导力唐仲英计划,围绕"帮助有志于赴公共部门就业的学生提升公共领导力"的目标,聘请领域专家设计培养方案,全过程个性化精准匹配资源,开展全过程跟踪评估保证培养质量,有效支持学员坚定服务人民理想、提升公共领导力。

## (二)创建跨部门协同机制,构建高校行业联盟

全校的学业发展指导体系需要各部门、各院系的通力合作,围绕支持学生学习发展的共同目标,学习发展中心与各部门密切配合。中心与20多个校级部门、30多个院系构建起高效的学业指导体系,与基金会共同拓展校外资源开展公共部门人才培养,形成了资源汇聚、协同育人的良好态势。

学习发展中心以"早发现、早干预,分级分类、个性化指导"为原则,构建起覆盖全体本科生的学业预警与指导系统(见图2)。中心联合教务处注册中心建立起本科生学业预警筛查制度,每年两次采用学习成绩

数据筛查出低分与挂科的新生 1000 余名,形成《新生学习适应不良现状调研报告》,并反馈给各院系学生组。针对这些遇到学业挑战的同学,中心招募教师和同辈志愿者,提供个性化的学业指导资源。在纵向院系层面,中心重点支持各院系新生带班辅导员开展学业准备教育工作,帮助各院系掌握学生学习规律和指导方法,从而更有效地开展相关工作。

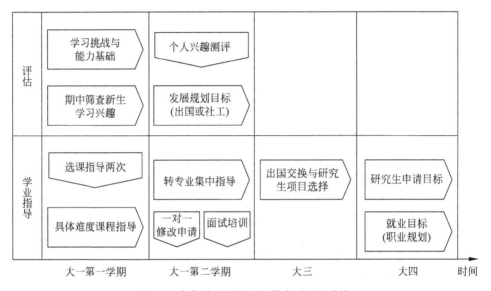

图 2 清华大学学业预警与指导系统

从 2018 年开始,学习发展中心设立"院系学生学习与发展指导支持计划",旨在通过经费支持院系开展有自身专业特色的学业辅导项目。申请支持经费的各个院系,分别在新生学业预警、学业困难新生辅导等方面取得了一定的成效。某院系建立了新生学业预警机制后,大一年级不及格人数从期中考试的 11 人下降至期末考试的 1 人,有 15 名同学进步 10 名次以上。

2020 年,学习发展中心与清华教师发展中心联合开展教学沙龙"从学生视角看教学",搭建师生沟通教学的相关问题。有 30 多位教师参加了这次线下沙龙,师生一起交换关于教与学的最真实想法,并形成文字实录发至各院系教学工作副院长。2000 多位教师阅读,不少教师反馈说这些关于学生学习的具体信息对他们调整课程设计、授课的节奏和内容十分有帮助。课程学习问题之外,学习发展中心也及时将不同学生群体的来访问题和认知情绪状态反馈给学校相关部门,促进教学管理政策制定的合理性。

### (三)注重学习行为研究,打造高水平学业发展指导队伍

学习发展中心充分发挥教师队伍的引领带动作用和学生队伍的朋辈激励作用,建设了一支专兼职结合、高水平的学习发展指导工作队伍。

依靠专职教师持续开展学生学习发展相关理论研究、总结学生学习规律。专业的咨询师们通过咨询有效促进了学生自我认识和人格成熟,提高可迁移学习能力,清晰自我发展规划,最终帮助他们实现顺利毕业、提高 GPA、科研成果发表、获得满意的发展机会等客观结果。来自不同专业背景、实践多种发展路径的同辈咨询师组成了多元化兼职团队,在清华的学业发展指导工作中同样作出了重要贡献。中心于 2010 年设立了答疑坊,聚集了清华热心公益的学习成绩优异的志愿者,每学期有具有非常扎实的专业知识基础的 160 余名本科生、研究生志愿者,帮助同学们解答学习过程中遇到的各种问题。答疑坊线下每天晚上在固定的教室有志愿者值班,为同学们提供多门课程的一对一答疑服务;线上通过微信引导群,为每位有答疑需求的同学匹配相应科目的志愿者。

根据学生普遍面临的大学自主学习行为习惯养成需求,中心推出以打卡为主要活动形式的"小伙伴计划",鼓励和支持学生一起坚持早睡早起、阅读、运动、学英语等好习惯。迄今为止,"小伙伴计划"服务人次超过 12 万,覆盖全国百所高校。

在同辈互助的过程中,许多同学构建起了传承的理念:一位在读博士生咨询师,因为在自己大一时获得了某位咨询师新生适应的指导,成功地获得了好成绩,在保送研究生后申请加入同辈咨询师的队伍,从而得以用专业的咨询帮助更多的学弟学妹,传递这份大一时就感受到的温暖和专业指导。如今两位咨询师仍坚持在学习中心接待来访的同学,有一位甚至在国外某著名大学从事博士后研究时期,也一直不间断地持续

提供线上咨询。

学习发展中心还与各学科课程教师密切合作,将学业指导与课堂教学紧密互动,为师生提供了更多面对面交流的机会,及时将学生学习的"热点、难点、痛点"第一手资料反馈给基础课程任课教师,与任课教师定期深入研讨教学,邀请近50位清华教职工,20余名助教,30余名校友,170余名学习成绩优异的同辈志愿者,为学生提供一对一个性化的指导服务,形成了强大的"三全育人"合力。2020年,中心开始全面探索线上线下结合的学业指导新模式,将各类学业指导资源拓展到线上,为生生互动提供新的平台,助力提升学生自主学习能力。数字化的学业指导方式在降低管理成本的同时也带来了广阔的探索空间,有利于完善全覆盖、立体化、浸润式的学业指导和思想政治工作体系,将育人成效做实做细。

# 三、经验启示

学习发展中心精准把握新时代思政工作的特征,顺应学生全方位发展新需求,主动谋划推动学业指导和思想政治教育工作创新发展,总结出了一系列做深做实的方法和经验。

## (一)思想引领,将学业指导和思政教育内化于心

在中国大学推进深化教育改革,建设世界一流大学的大背景下,学习发展中心以解决学生实际学习问题、帮助学生完成学业为载体,创新探索出"解决实际问题和思想问题相结合"的工作方式,引导学生乐学爱学、勤学笃实、爱国奉献、追求卓越,成为一个全面发展的可靠接班人。学习发展中心关心每一位学生的成长成才,秉承"关心学习,更关心你"的宗旨,探索动态了解新时代学生个性化的学业挑战和发展困惑的途径,为学生提供有针对性的指导,赋能每一位学生的大学学习成功,支持他们实现跨越式个人成长发展。

## （二）因势利导，推进学业辅导与时俱进、开拓创新

学习发展中心立足实际和时代要求，努力把握青年的成长规律新变化。2020年疫情期间，学习发展中心在"小伙伴计划"的基础上开设了线上打卡活动——"线上自习室"，主动解决同学们"在家学习效率低""没有学习氛围""个人的专注力不够""想好好学习但静不下心"等问题，激发学生的自主学习动力。不少同学也自发在"线上自习室"中组成自习小组，相互督促、相互激励，形成了长效自主学习氛围。中心在赋能学生学习发展的过程中，不仅关心青年学子的学业，更关心他们在大学全面的人格成长。

## （三）展望全球，建设高校学业辅导深度交流平台

中心系统总结中国高校学习与发展指导理论与方法，主动发挥国内高校学业辅导引领作用，不断加强学业辅导工作规范化建设，2017年出版教材《中国高校学业指导手册》。目前，该教材已经被超过50所高校作为开展学习与发展指导的必备教材之一。中心积极参与国际交流，与国际最权威的学业指导专业组织——全球学业咨询协会联合举办国内首期"高校学业辅导能力提升培训班"，分享中国学习发展指导经验，帮助国际同行加深对中国文化、中国社会、中国教育的理解，荣获全球学业咨询协会最佳演讲奖和"引领之光"奖。

（执笔人：詹逸思、李桐）

# 创新飞行学员联合培养模式
# 服务军队与国防建设

## ——军事飞行人才联合培养体系建设与教育实践

## 一、背景情况

深化国防和军队改革是实现中国梦、强军梦的时代要求,是强军兴军的必由之路。清华大学党委始终以服务国家需要作为学校的责任使命,一直把为军队和国防工业系统培养高水平、高层次、多样化、创新型人才当作义不容辞的政治责任,将服务军队和国防建设作为建设世界一流大学战略的重要组成部分。

创新人才培养模式、为军队培养高层次军事人才,是清华大学在新形势下深化教育教学改革的重要工作内容。2011年,基于对军队院校与地方高校各自特点的分析,清华大学与空军在依托普通高等学校培养军事飞行人才、超前培养储备高素质新型军事飞行人才上达成共识,启动了飞行人才联合培养模式的探索实践,首创飞行学员联合培养途径。2013年,经习近平主席和中央军委批准建立军队院校、普通高等学校联合招收培养"双学籍"飞行学员制度,教育部、原总参谋部、原总政治部联合下发《关于做好军地高校招收培养"双学籍"飞行学员工作的通知》,对"双学籍"飞行学员培养工作的有关问题进行明确,联合培养模式进一步完善,军地双方共同选拔人才,共同开展培养工作,"双学籍、双注册、3+1"制度落实。同年,联合培养模式拓展到北京大学、北京航空航天大学两所兄弟高校,并开始了海军飞行学员的联合培养工作。

# 二、主 要 做 法

紧密围绕培养能够应对未来信息化战争的高层次高素质飞行员、战斗员、指挥员,培养具有全球视野、全面素质和创新精神的军事飞行人才这一目标,清华大学构建了"六个融合"飞行学员联合培养模式。

## (一)招生体系相融合,针对培养目标把好入口关

清华大学与空军、海军招飞部门不断优化选才机制,共同确定了联合培养飞行学员招生理念:既要考虑考生的高考成绩,保证足够的学习能力,更要充分考虑考生的飞行潜质,保证"出飞率"。学校采取了高考成绩(归一化后)占80%、飞行筛选成绩占15%、心理品质成绩占5%加权排序的综合评价录取办法。考生经过招飞全过程,进入空军、海军"联合培养预选队",在一个月内开展体能考核与飞行体验,在身体和技术、心理品质成绩均达到合格标准的情况下由清华大学综合评价、择优录取。"报到即检飞"的做法突破了传统招生培养模式,更好地检验了考生的飞行潜质。

## (二)军地人才培养体系相融合,创新培养模式

联合培养飞行学员采取"3+1"培养模式,清华大学和空军航空大学、海军航空大学共同制定培养计划,设置课程体系,优化培养模式,组织实施教学。清华大学以"航空航天工程"为专业,组织前三年的教学培养;空军航空大学、海军航空大学负责第四年的飞行理论及初教机训练,并利用暑期时间进行军政素质培养。在整个培养过程中,空军航空大学、海军航空大学派驻清华大学的部队干部负责军政素质培养、军事体能训练,确保学员保持军人作风,并利用暑期进行补差训练,提供实践平台,提升军人素养。军地双方形成了一种接力培养、交叉培养的机制,实现了军地人才培养体系的深度融合。

## （三）教学计划相融合，塑造飞行学员完善知识体系

经过军地双方充分讨论，清华大学确定了飞行学员教学计划的基本原则：保持清华基础课程原汁原味，严格执行清华大学的培养标准，主动适应未来战争对飞行人才能力和知识架构的需求，调整优化教学计划。依托于"航空航天工程"专业体系，强化通信、雷达、编程、动手实践等方面的环节，在三年内合理安排原定四年的教学任务，创新开设课程。军地双方骨干教员就每门课程内容深入研讨，确保前后知识内容衔接顺畅，不重不漏，为飞行学员顺利进入最后一年的航理学习和飞行训练奠定坚实基础。

## （四）特色素质培养相融合，提升第一任职能力

军地双方共同探索学员成长规律，深化改革体能素质的教育模式与训练方法，已形成一套完整的有针对、有目标、分层次的组织训练体系和考核制度。飞行学员的正课体育教学由清华体育部负责，早操、周末和节假日的体育训练则由学员队负责。形成了每周三次航空体育课，一次体育活动课，两次早操、一次周末体育大操的训练模式，以及学员队固定时间常规性训练—兴趣引导自主性训练—重点突出针对性训练的三级训练体系。在提升综合素质，特别是指挥领导能力上，学校制定了以提高岗位任职能力为目标的飞行学员全面素质培养方案，提供更多的资源和更广阔的平台让学生有机会参与社会实践，和国际大师、各界英才以及优秀的青年学子交流。

## （五）组织机制相融合，全过程保障素质养成

清华大学与空军和海军设立联合培养领导小组，下设联合培养办公室，由清华大学教师及空军航空大学和海军航空大学队干部担任成员，负责日常教育管理工作。建立"三管齐下、三位一体"的联合育人体系："学校—航院、部处分管干部—航院学生工作组—班主任和辅导员"的教

育管理责任体系,"校联合培养领导小组—联合培养办公室—飞行学员中队—飞行学员区队"的自我教育管理体系,以名誉班主任、校外指导教师为主的协作教育体系。按照军校模式设置军事管理体系,全体学员编为中队,设学员中队长,下设三个区队及若干战斗班,八人一班,设班长和副班长。按照清华大学班级建设传统,设立班级、团支部、党课小组"三驾马车",共同负责班级事务与集体建设。

### (六)党团建设相融合,塑造当代军人核心价值观

融合党建机制,学员隶属于联合培养办公室党支部,航院党委派驻辅导员深度参与党员培养发展。党员发展采用严格的标准,考察对党和国家的忠诚、飞行事业心,并遵循清华大学党员发展传统,对入党动机、业务表现及服务精神严格要求,在正式发展前进行积极分子预答辩。坚持把理想信念教育摆在首要位置,注重利用重大活动,特别是急难险重任务开展思想政治教育,锤炼过硬思想作风。在中华人民共和国成立70周年群众游行清华大学"伟大复兴"方阵中,32名飞行学员担任中队教练,并作为骨干成员,簇拥习近平总书记的巨幅画像通过天安门,光荣接受祖国和人民的检阅。2021年4月19日,习近平总书记考察清华大学,全体飞行学员列队向总书记敬礼,学员代表肖庭峰报告:"励志空天,追求卓越,保卫祖国领空是我们共同的奋斗目标!"

联合培养模式的实现是一个"精心设计、密切配合、深度融合"的过程,清华大学2011年就成立了由党委书记、校长挂帅的联合培养工作领导小组,并设立联合培养办公室,负责具体工作的协调。航天航空学院专门成立了项目组,安排优秀的班主任、辅导员参与工作,与空军航空大学、海军航空大学密切联系,优化调整联合培养教学方案。联合培养工作作为军民融合培养飞行人才"示范田",逐渐走出了一条军事飞行人才培养的创新之路。经过不断的实践,联合培养飞行学员集体成为清华大学的标杆和旗帜,历届飞行学员班都曾获得清华大学多项班集体荣誉,并涌现出了清华大学特等奖学金获得者在内的一批优秀个人。2015年

夏,28名首届联合培养清华班飞行学员转入高教机训练阶段。同年10月,25人完成单飞,阶段成材率创空军历史新高;其中,司凡、牛申、鲍一鸣三位学员,于2019年驾驶战鹰完成空战对抗训练,刘功昭于2020年斩获空军"金头盔"。联合培养飞行学员的培养过程和成果得到了社会各界的广泛认可,新华社、人民网、《解放军报》、中国青年网等国内主要媒体多次跟踪报道。

# 三、经验启示

经过11年的探索实践,联合培养飞行学员工作得到了中央军委及各级领导的指导和关怀,培养过程和成果得到了社会各界的广泛认可,总结出一系列行之有效的做法和经验。

## (一)紧盯未来战场人才需求,开拓军民融合培养飞行人才的新路径

强军之道,要在得人。赢得未来战争的一流军队,需要适应时代发展的一流人才。中央军委许其亮副主席评价飞行学员联合培养工作:"这是空军人才培养的一项创举,有望走出一条中国特色的依托国民教育培养高素质飞行人才的新路子。"信息技术的高速发展、武器装备的快速迭代、高新技术的大规模应用,改变着战争形态,也对军事飞行人才的培养提出新挑战。展望未来发展,需要总结成功经验,向更多技术密集领域、指技合一专业、前沿发展方向,拓宽军地联合培养范围,优化完善培养模式,让更多军民融合培养的人才更好地服务强军兴军事业。

## (二)着眼系好军旅第一粒扣子,强化思政引领铸牢铁血军魂

坚持用习近平强军思想铸魂育人,培塑传承红色基因。新生入校后即开展思想动态跟踪,利用班会、谈心时机解答学员对于飞行生涯、军人

职业的困惑与疑虑,以先进典型强化正向激励,促进学生完成身份转变,理解军人职责使命,教育引导学员树立正确的飞行价值观;充分发扬清华大学又红又专的育人历史传统,通过各类国防主题活动和部队见学实践,强化学生使命意识,夯实飞行事业心;注重思维塑造和境界提升,通过开展形式多样、启智未来的讲座,开阔学员思维眼界,提高对未来空天战场的认识,强化自我价值实现意识,坚定飞行报国的信念。

### (三)坚持为战育人根本导向,在提升岗位胜任力上下功夫

紧贴未来岗位需求,促进飞行学员学习、训练、生活进一步向战聚焦,不断提升学员岗位胜任力。突出集体优势,定期召开教学联席会,实时掌握学习情况,及时调整课程进度和内容,成立学习委员会,建立集体学习制度机制,以过硬的军人作风加强学风建设。强化制度建设,落实班级学情分析、每月学习测试、辅导员交流制度,开展标兵访谈活动,建立一对一帮带、小教员授课制度,营造良好学习氛围。坚持岗位练兵,常态化开展军事训练考核,举办军事体能大比武、趣味运动会、集体越野跑等活动,寓训于乐,增强集体凝聚力。

### (四)发挥先进典型示范引领作用,凝聚强军报国向心力

随着联合培养的路径越来越成熟,影响越来越显著,飞行学员这一群体在适应清华、融入清华的同时,也在逐渐影响清华,增强了军事飞行院校招生的吸引力,显著提高了空军、海军招生质量。下一步还将积极发挥飞行学员的正面示范作用,积极引领空天文化、海天文化、军营文化辐射整个清华园,引领校园文化建设,掀起大学生关注国防事业、关注空军和海军发展的热潮,汇聚起共建国防、强军报国的磅礴力量。

(执笔人:白玉凤、王晓丽)

# 学生思想政治工作篇

# 抓住重要契机
# 生动开展爱国主义教育思政课

——以新中国成立 70 周年庆祝活动为载体的思政教育模式探索

## 一、背 景 情 况

重大活动能够形成思想政治教育工作的良好"大环境",具有很强的感染力和影响力。2019 年是中华人民共和国成立 70 周年,也是全面建成小康社会、实现第一个百年奋斗目标的关键之年。10 月 1 日,北京天安门广场隆重举行庆祝中华人民共和国成立 70 周年大会,全国各高校以各种方式参与其中。清华大学在此次庆祝活动中承担了一系列使命光荣、责任重大的政治任务,共计 5400 余名清华大学、清华附中、清华附小的师生参与了群众游行、广场合唱、广场联欢、广场景观设计与营造、游行彩车设计、志愿者服务、文艺晚会、服务保障等各方面工作。其中,3514 名清华师生组建了"伟大复兴"方阵,簇拥着习近平总书记巨幅画像和"贯彻习近平新时代中国特色社会主义思想"标语,阔步走过天安门广场。

从 7 月开始,师生们就放弃了暑假、外出交流或旅游等计划,全身心投入到训练中,不惧风吹日晒,以强烈的政治责任感、高度的组织纪律性、精益求精的训练态度,认真刻苦地完成了各项训练任务,在 7 次外出合练中表现出色,得到了上级部门的高度肯定,以最昂扬的姿态迎接新中国 70 周年华诞,用青春告白祖国。方阵中,年龄最大的参训师生 65 岁,最小的 17 岁。从 8 月 1 日首次全体集中训练,到 9 月中下旬全员前往长安街参加全要素彩排,历经2个月的练习。有的在方阵中度过了自己最难忘的一个生日,有的是第4次走过天安门广场,有的是师生、夫妻、全寝室齐上阵,有的则为了"秒米不差"在画有刻度的跑道上不断试走,精准控制步幅……

"伟大复兴"方阵之外,清华大学共有10名港澳学生代表和带队教师加入港澳台同胞和各界群众组成的"一国两制"方阵走过天安门广场,高呼"祖国,我爱你",为共和国的生日献上儿女们最赤诚的祝福。28名清华大学国际师生代表则与中外青年携手前行,伴随一曲《千年之约》,组成"人类命运共同体"方阵走过天安门广场。此外,"同心追梦""民兵""立德树人""祖国万岁"等方阵中,还有清华大学附属小学师生的身影,共同庆祝中华人民共和国成立70周年。

# 二、主要做法

在庆祝活动中,清华大学始终坚持把党的领导和党的政治建设摆在首位,充分发挥党组织的战斗堡垒作用和党员的先锋模范作用,充分挖掘蕴含在国庆活动中的各类教育元素,充分结合清华大学"爱国奉献、追求卓越"的精神传统,把师生参与庆祝活动的过程打造成新时代爱国主义教育实践的新载体和生动思政课,探索出了一种卓有成效的思想政治教育新模式。

## (一)思想引领——因势利导加强爱国主义和理想信念教育

强化思想教育,创新工作方法,积极营造氛围。在庆祝活动中,清华大学坚持把党的领导和党的政治建设摆在首位,设立专项工作临时党委,下设临时党总支、临时党支部、临时党小组或党课小组,充分发挥党组织的战斗堡垒作用和党员的先锋模范作用,将思想政治教育贯穿于庆祝活动全过程、各环节。发布《回忆国庆六十周年 那难忘的八天七夜》《还记得十年前的第24方阵吗?》等动员推送,广泛激发学生报名的积极性、主动性,"八天七夜"视频被总指挥部作为各高校动员大会的推荐观看内容。训练期间,在遵守保密要求的前提下,在训练场地内布置了横幅、展板、板报、签名板、照片墙、宣传屏幕等多种形式的宣传阵地,营造热情积极、严肃活泼、富有内涵的宣传氛围,让浸润式的思想教育贯穿始终。

精确匹配优质资源,加强思想引领,坚定理想信念。通过召开动员大会、表彰大会,举行授旗仪式、宣誓仪式等,加强仪式感和荣誉感教育,激发全体参训师生的热情。训练期间开展43场"我与祖国共成长"、49场"不忘初心、牢记使命"集中主题党团日活动,充分发挥党组织的思想引领作用。开设"国家意识与青年责任"课程,加强学生对党史、新中国史的学习,深化国情认识,提升责任担当。开展"我和我的祖国"主题诗歌征集,开设清华大学"庆祝中华人民共和国成立70周年"专题网站,推出《新清华》国庆特刊,发布各类新闻、专题推送、人物访谈等宣传报道300余篇,创作发布视频专题片10余部,采集图片素材8万余张,阅读量覆盖1000万人次,通过线上线下结合的宣传方式形成和声共振,营造热烈持久的爱国主义教育氛围,加强参训师生的国家认同、情感认同、价值认同。

结合主题教育,凝聚思想共识,激发奋斗热情。参加活动期间恰逢"不忘初心、牢记使命"主题教育集中开展,深入把握这一重要契机深化师生爱国主义教育,包括开学第一天隆重举行升旗仪式,组织200个党团支部、5000余名师生集中开展主题党团日活动,在烈士纪念日开展祭扫活动,组织原创话剧《马兰花开》在校内集中上演,举办"迎着新中国的曙光""共和国领袖与清华""'两弹一星'元勋中的清华人"专题展览等,激发广大师生把爱国热情转化为坚定信念和实际行动的动力,做到不忘初心、牢记使命、永远奋斗。

## (二)润物无声——"三全育人"形成强大合力

全体教职员工深度参与形成全员育人合力。"大鱼先导,小鱼从游"

是清华育人的光荣传统。在国庆活动中,全体教职员工充分动员,校党委书记、校长率先带头,广大党员干部、教学科研一线教师、班主任辅导员、机关和后勤职工等都踊跃参与到各项活动中。师生齐上阵,以高度的政治意识和责任意识,克服重重困难,全力以赴完成各项活动任务。教师的参与和与学生的朝夕相处,发挥了很好的示范引领和思政教育效果,发挥了全员育人的强大合力。

各部门全要素配合形成全方位工作保障。在活动组织过程中,清华大学调动各方面力量,统筹学工、教务、宣传、保卫、后勤、医疗等20多个部门和各院系的力量,构建了"总队—大队—中队—小队"四级协同工作体系,组建了12个工作组,从组织、制度、物资、服务多个层面建立了综合保障体系,为各项工作的顺利开展提供了坚实有力的全方位支撑,让师生全身心投入训练,达到最好的效果。以物资保障为例,7月上旬,在训练项目开展前的半个多月,物资保障志愿者的工作已陆续开始。从统计训练服装的尺码和接收分发物资,到搬运物资并分类,再到布置好分发流水线和集中发放,一切井然有序且高效贴心。8月初,校内的集中训练正式开始。清华的游行方阵被分为8个大队,61个中队。每个中队专设一名物资管理员,作为物资保障工作的最后一公里,无论早晚,总是提前到位,最后离开,一次又一次地收发与清点训练道具。校内训练分布在四个操场,每个操场上都设有饮水点,饮水点上为学生们准备了各种后勤物资。

此外,后勤部门提供了全过程优质服务。国庆活动持续时间长、难度大,全过程做好高质量工作取决于细节。饮食中心根据训练计划随时调整食堂开放时间,确保三餐供应并提供夜宵,还准备了外出合练时的暖心便餐;学生社区中心特别增加了训练日的热水供应时段,预留机动宿舍便于参训师生临时休息,不断优化社区道路停车方案以便外出合练时学生就近上车;校医院在训练场地设置医疗服务点,提供充足的药品和细致的医疗救护服务。这些贴心服务让学生感受到了学校的温暖和关爱,增进了克服困难、力争一流的信心和决心,为师生顺利参与国庆活动保驾护航。

### (三) 朋辈教育——榜样示范激发奋斗精神

以身边事温暖身边人。参训师生中,有带领自己课题组 11 名研究生参加方阵的计算机系 80 后副教授刘知远;有坚持和学生一起完成全勤训练并细致入微地关爱学生的 56 岁老教师丁青青;有推迟婚期参加训练的土水学院博士生夫妇张饶、赵艺颖;有克服家庭困难担任方阵教练,在训练场挥汗如雨的青年女教师王晓丽;还有主动请缨担任教练的武装部退休教师王和中、吕冀蜀等。他们展现出的过硬的政治素质、深厚的爱国情怀和高度自觉的大局意识,深深感染了广大师生,大家积极投入训练,用实际行动展现爱国之心和报国之志。

以"我的话"告白"我的国"。通过开展"我和我的祖国——新时代清华人的责任与担当"主题黑板报评比、在训练场设置照片墙和训练照片循环播放屏幕、举办"青春告白祖国"中秋主题诗歌晚会等活动,在主题教育中让广大学生随时分享自己的感受体会,形成互相激励、彼此引领的氛围。同时,通过"清华大学""清华研读间""清华小五爷园"等微信公众号,以各类形式宣传师生的感人故事和感想体会,开展全方位、立体化、持久性的主题宣传教育。

以小故事讲述大道理。活动结束后,学校还成立"青春祝福祖国"宣讲团,组织多位师生代表用他们参与国庆活动的亲身经历和感悟,精心准备一堂堂生动的爱国主义教育思政课。在校内外开展宣讲活动 100 余场,覆盖听众 8000 余人次,推动新中国成立 70 周年庆祝活动的爱国主义教育元素持续长效发挥作用,在广大青年中形成深入影响。

## 三、经 验 启 示

清华大学牢牢把握住新中国成立 70 周年庆祝活动的契机,因势利导打造爱国主义教育的生动思政课,探索形成了新的思想政治教育工作模式,取得了良好的效果,并总结出一系列行之有效的做法和经验。

## (一)铸魂育人,新时代爱国主义教育入脑入心、走深走实

在本次庆祝活动中,全体参与师生满怀热忱、担当尽责,以严字当头的工作标准和"精益求精"的工作态度,圆满完成了各项任务。有的师生参与的保密任务直到活动结束后才被学校知晓。这充分体现了清华师生对党、对以习近平同志为核心的党中央的衷心拥护,对祖国、对全国各族人民的赤诚热爱,生动展现了新时代清华人"爱国奉献、追求卓越"的精神。其间共有200余名学生提交了入党申请书,纷纷表达对党和国家的热爱,立志为中华民族伟大复兴的中国梦贡献自己的青春力量。10月9日,"伟大复兴"方阵参训学生饱含高涨的爱国热情向习近平总书记写信汇报了思想体会,10月10日,习近平总书记对来信做了批示,王沪宁同志、孙春兰同志也作出批示,带给全校师生以巨大激励和鼓舞。10月25日,在北京市召开的新中国成立70周年庆祝活动北京市筹备和服务保障工作总结表彰大会上,清华大学"伟大复兴"方阵、美术学院、校团委、艺教中心荣获"先进集体"称号,15名师生被评为"先进个人"。北京市委书记蔡奇同志多次对清华大学的国庆活动组织工作作出批示,给予充分肯定,指出"清华是国庆群众游行中最出彩的方阵"。

## (二)彰显成效,青春正能量展现新时代新担当

活动期间,清华大学公众号发布的《明天,清华准备好了!》《今天,清华人在天安门》阅读量分别达39万+,连续两天破10万+。以"我和我的祖国"为主题创作的短视频《我的名字叫建国》在推出一天内获两百万点击量,被《人民日报》《中国青年报》等多家媒体转发。清华大学参与国庆活动的情况还被编发为2篇新华社内参报道,并多次在央视《新闻联播》《朝闻天下》栏目、北京电视台、《北京日报》等媒体播出或刊发。这些报道充分展现了清华师生昂扬向上、奋发有为的精神面貌和肩负使命、自强不息的壮志豪情,唱响了新时代的青春之歌,为社会增添了正能量。

### （三）知行合一，将爱国心、强国志转化为报国行

通过参加国庆活动，广大师生共同上了一堂生动的新时代爱国主义教育思政大课，接受了一次深刻的社会主义核心价值观的浸润和洗礼。极大促进了学生"立大志、入主流、上大舞台、干大事业"的坚定选择，引领青年的思想成长紧密响应时代召唤，引导青年担当作为。学生们纷纷表示，参加此次活动加深了自己对国家历史与现状的了解，更坚定了"四个自信"，明确了奋斗拼搏的方向和目标，并将通过自己的实际行动为国家和民族的发展贡献自己的力量。

实践证明，重大活动是开展思想政治教育的生动载体。重大活动既是重大的政治任务又是宝贵的工作资源。清华大学充分把握重大活动契机，切实把庆祝活动形成的宝贵精神财富转化为立德树人和加强新时代爱国主义教育的实际行动。这类利用重大活动因势利导开展系统、深入、持续的思想政治教育的工作模式，为新时代高校开展思政工作提供了可参考、可推广的创新工作范式。未来，清华大学将继续充分运用这一模式，提前谋划、绵绵用力、久久为功，在即将到来的各类重大活动的生动实践中让青年深切感受并践行社会主义核心价值观的丰富内涵，努力培养担当民族复兴大任的时代新人！

（执笔人：白本锋、冉锐、江宇辉）

# 探索新时代高校美育与思政教育融合新模式

## ——以原创话剧《马兰花开》创排为例

## 一、背景情况

2021年4月19日,习近平总书记在清华大学考察时指出,"清华大学深深扎根中国大地,培育了爱国奉献、追求卓越的光荣传统,形成了又红又专、全面发展的教书育人特色"。进入新时代,为了弘扬爱国奉献的传统,激励清华人和广大青年投身中华民族伟大复兴的历史征程,清华大学以"两弹元勋"、优秀共产党员、清华校友邓稼先为主人公创作排演了原创校园话剧《马兰花开》。

《马兰花开》立足于新中国核武器研制的宏大历史背景,生动讲述了邓稼先为中国核武器事业呕心沥血、忘我奋斗的不平凡人生,刻画了以邓稼先为代表的科技人员崇高伟大的爱国精神、严谨创新的科学精神、默默无私的奉献精神、高尚纯粹的人格魅力。2013年4月,《马兰花开》在清华大学首演。截至2021年10月,该剧已完成18轮共计83场公演,覆盖校内外观众近12万人次,成功探索出新时代高校美育与思政教育融合新模式,在清华校园和社会各界产生了广泛影响。

在清华大学党委的直接关心下,《马兰花开》剧组从建立之初即成立了临时党支部,后于2016年正式成立马兰花开党支部。多年来,马兰花开党支部充分发挥战斗堡垒作用,带领剧组成员克服重重困难、完成了历次演出,培养出一批又红又专、可堪大任的新时代青年。党支部于2017年获评"清华大学先进党支部",2018年入选教育部"全国党建工作样板支部"和"清华大学党建标兵党支部"创建单位,2020年顺利完成全国及校内创建工作并获评"北京高校先进党组织",2021年再次获评"清华大学先进党支部"。

# 二、主要做法

## （一）突出思想立意,弘扬爱国奉献主流价值

爱国奉献是清华文化的鲜亮底色。在获得"两弹一星"功勋奖章的23位科学家中,有14位曾在清华大学学习工作过。《马兰花开》在创作和排演过程中深入挖掘"两弹一星"精神的核心内涵,以杰出人物群像塑造为中心、以事业和情感为要点、以国家命运为题旨,重点展现老一辈科技工作者对国家的忠诚和坚守,结合新时代特征,用青年更易接受的方式回顾邓稼先的光辉一生。

因势利导开展思想引领是清华思政工作的特色。学校将剧目演出与重大契机相结合,潜移默化进行引导。2019年5月,组织纪念五四运动100周年专场演出,传承永久奋斗的伟大传统；9月,在新中国成立70周年之际,举办国庆专场暨迎新专场演出,全场观众自发起立高唱《歌唱祖国》；2021年9月,庆祝中国共产党成立100周年专场上演,以清华人特有的方式献礼党的百年华诞。

## （二）深化育人导向,覆盖三类群体四个课堂

《马兰花开》坚持以文化人、以美育人,努力使育人成效覆盖在校师生、社会观众与剧组成员三类群体。首先,观看话剧的在校师生,其观演的过程正是深刻接受教育的过程。首演以来,每年在校内举办迎新和校庆两季演出,实现了新生观演全覆盖,也作为新入职教师体悟清华精神的重要一课,引导新时代清华人扣好"人生第一粒扣子"。其次,《马兰花开》积极走向社会,在兄弟高校和社会大众中均引发强烈反响,成为了清

华大学一张"价值名片""文化名片",受到社会各界的广泛关注和热烈好评,形成"马兰花开"文化现象。此外,剧组成员在剧目编排和采风实践中接受思想洗礼、赓续精神血脉,实现了与老一辈科技工作者跨越时空的"对话"。

创编课堂上,师生共同打磨剧本,深入了解"两弹一星"元勋的感人事迹。排演课堂上,先后有500余名在校学生利用课余时间,全身心投入到创作和排演中,他们的舞台表现力和艺术修养不断提升,逐步成长为学校文艺骨干。支部课堂上,通过"马兰花开进支部"活动,剧组成员与各院系的学生党团支部近距离地分享前辈事迹。实践课堂上,《马兰花开》创造性地将创作排演与社会实践相结合,赴邓稼先曾学习工作过的西南联大、马兰基地、青海原子城、绵阳九院等地开展了"回家之旅",赴邓稼先船所在东海舰队开展了"共建之旅",在实践过程中重走先辈足迹,重温峥嵘岁月,感悟初心使命。

## (三)创新宣传矩阵,促进线上线下广泛传播

通过纪录片、文集、展览等形式总结和凝练创排经验。在剧目正式演出50场之际,学校拍摄制作了专题纪录片,出版了《花开锦绣,万里流芳——清华大学原创话剧〈马兰花开〉正式演出五十场纪念文集》,并精心策划了专题展览,通过翔实的文字和大量图片,展现了剧目创排历程和育人成效。

通过新媒体平台进一步拓宽覆盖面和传播度。在中国第一颗原子弹爆炸成功50周年之际,剧中邓稼先首位饰演者梁植在《我是演说家》节目中关于邓稼先的演讲风靡全国。在邓稼先逝世30周年之际,剧组推出微信文章《老邓离开我们30年了:千钧核力动地摇,民族脊梁永生辉》。疫情期间,剧目片段登上全国学联二十七大主题网络直播,通过"学习强国"、央视新闻客户端等平台播出;全剧上线"科学家精神——云端剧院"和清华大学官方微博,以线上直播的形式向广大青少年讲述邓稼先的故事。

### （四）立足党建引领，发挥支部战斗堡垒作用

创造性地将党支部建在剧组上，以党建引领剧目排演和骨干成长，探索了在学生"第二集体"建设创新型党支部的新模式。马兰花开党支部将政治建设放在首位，扎实开展理论学习，严格落实"三会一课"，结合重大历史契机开展学习教育，结合剧目排演从"两弹一星"精神中汲取养分。开展"重走邓稼先之路"系列实践活动，重温老一辈科技工作者干惊天动地事、做隐姓埋名人的峥嵘岁月。打造支部共建网络，与海军邓稼先船党委共建，持续在军民融合、师生联学、党团联动、校际交流等多个维度拓展共建关系。面向剧组成员开展深入细致的思想政治工作，不断提升集体凝聚力和战斗力。

在党支部的带动下，一批剧组骨干递交了入党申请书，不仅在剧目排演中发挥先锋模范作用，还在新中国成立 70 周年、建党百年、北京 2022 年冬奥会和冬残奥会等重大专项活动中贡献青春力量。在邓稼先事迹的感召下，清华学生把个人的发展与民族复兴的进程紧密相连，在毕业时主动到重点行业、基层一线就业，做出了有方向性意义的人生选择。

## 三、经验启示

### （一）要坚持正确方向，创作无愧于时代的优秀作品

校园文艺创作不仅反映了师生的审美水平和创造能力，更彰显着新时代青年的价值导向和视野格局。只有把正向价值融入美的艺术中，才能真正发挥感染人、影响人、塑造人的功效，才能真正鼓舞广大师生投身中华民族伟大复兴历史进程中。

《马兰花开》把爱国奉献的主流价值贯穿于邓稼先的感人事迹之中，坚持思想精深、艺术精湛、制作精良的创排标准，打造原创校园精品剧

作。该剧秉承刚柔相济、青春向上的艺术风格,融合音乐、舞蹈、影视、朗诵等艺术形式和多媒体元素,在娓娓道来的亲切述说中,全视角、立体化地重现了邓稼先成长成才、以身许国的壮丽生命华章。剧目从大处着眼、小处着手,既唱响主旋律、大力弘扬民族精神,又充满戏剧本真的张力和别致的创新,情节扣人心弦、高潮层层推进,具有史诗般的风格和贴近时代的气息。《马兰花开》以其高度的思想性和艺术性,入选教育部"高校培育和践行社会主义核心价值观典型案例",激励着新时代广大青年把服务国家作为最高追求。

## (二)要坚持以美培元,落实全员全过程全方位育人

美育既是审美教育,也是情操教育、心灵教育,还是拓展想象力和激发创新创造活力的教育。清华大学有着深厚的美育积淀,在"三全育人"的工作体系下,将《马兰花开》打造成生动的美育课堂、思政课堂,促进学生全面发展和多样化成长。

清华大学党委高度重视剧目创作排演,将其定位为开展学生思想政治工作、培育社会主义核心价值观的重要载体,剧本创作、演员排演、巡演组织等各个环节始终由学校党委主要领导亲自主抓。校团委牵头组织排演,最大限度地发挥引领、组织、服务青年的优势。艺教中心开设公共艺术课程,提供表演指导和场地资源支持。党办校办、宣传部、学生部、研工部、校史馆、档案馆等部门始终大力支持剧目工作,形成育人合力。剧组秉承价值塑造、能力培养、知识传授"三位一体"教育理念,全面构建了四个课堂,有效覆盖了三类群体,让在校师生在邓稼先学长事迹的感召下树牢做清华人的责任、使命、担当,让社会观众在核武器研制事业的激励下增强做中国人的志气、骨气、底气,让剧组成员在创作、排练、演出、实践的过程中锤炼思想性、艺术性、实践性,真正做到了春风化雨、润物无声。

### （三）要坚持守正创新，把握青年特征深化育人实效

习近平总书记在全国高校思想政治工作会议上强调，要遵循思想政治工作规律，遵循教书育人规律，遵循学生成长规律，不断提高工作能力和水平。

作为"共和国的脊梁——科学大师名校宣传工程"首批支持剧目之一，《马兰花开》深入挖掘清华人在"两弹一星"事业中的历史贡献，让爱国精神和科学精神"活"起来，显著增强了社会主义核心价值观在师生中的感染力和传播度。该剧全部演职人员均为在校师生，师生演校友、学弟演学长的方式，有效激发学生"向理论学习、向历史学习、向现实学习"的自主性，解决了思政教育入脑入心的难题。《马兰花开》跳出"在思政言思政"的传统范式，立足育人目标，创新"五育并举"，在剧目排演过程中培养家国情怀、激发科学志趣、增强身体素质、提升审美素养、践行劳动精神，打造德智体美劳全面培养的"试验田"。

迈上新征程，清华大学将在扎根中国大地建设世界一流大学的宏伟事业中，继续坚持培养德智体美劳全面发展的社会主义建设者和接班人，充分发挥美育工作培根铸魂、育人化人、坚定文化自信的重要作用，鼓励创作反映时代生活、遵循美育特点、弘扬中华美育精神的优秀文艺作品，用新时代青年的声音讲好中国故事！

（执笔人：阎博、于朔、陈志昊）

# "好读书""读好书"

## ——充分发挥良好校园读书氛围在人才培养中的作用

## 一、背景情况

读书是致知穷理,也是立德修身。读书能赋予人精神力量,塑造人的精神品质。弗兰西斯·培根说过,"凡有所学,皆成性格"。为了培养清华同学养成良好的读书习惯,清华大学长期投入优质资源,整合多维力量,着力营造校园读书氛围,服务人才培养目标。从2015年开始,清华大学校长邱勇院士每年都会向新生赠送一本书,随录取通知书一并寄送至每一位新生手中。学校也通过"好读书"奖学金评选、读书类社团协会建设、校园优质阅读资源整合和特色活动筹办等多种方式培养学生读书习惯。

"水木清华,人文日新"。20世纪20年代国学四大导师王国维、梁启超、陈寅恪、赵元任等一批人文学术名家先后汇聚清华园,在中国近代学术史上产生深远影响。迈向新百年的清华大学更加注重人文教育,体现文化担当,传播先进思想与优秀文化,倡导"好读书、读好书"的生活方式,致力于打造"更人文"的清华大学校园文化氛围。昔日国学院四大导师春风化雨般的教导犹在耳边,而今巍巍清华践行人文日新,将在沉淀与传承的基础上再造辉煌。

## 二、主 要 做 法

在校园读书氛围营造的过程中,清华大学始终坚持把服务人才培养摆在首位,充分发挥校园优质阅读资源和良好阅读传统的作用,充分挖掘蕴含在百余年校园历史中的各类读书元素,充分结合一代代清华大学学人的精神传统,创新新时代人才培养教育实践,探索出了一种卓有成效的人才培养新模式。

### (一)提高站位——校长赠书从入学之初奠定阅读基调

提高思想站位,创新工作方法,积极营造氛围。从 2015 年开始,清华大学校长邱勇院士每年都会向新生赠送一本书,随录取通知书一并寄送至每一位新生手中,同时发出校长致新生的一封信。校长邱勇院士赠书依次为《平凡的世界》《瓦尔登湖》《艺术的故事》《从一到无穷大》《万古江河:中国历史文化的转折与开展》《乡土中国》《老人与海》。以 2021 年致新生的一封信《塑造坚韧精神 磨砺勇毅品质》为例,校长邱勇在信中通过《老人与海》寄语新生:"人无精神不立。在书中,海明威借老渔夫之口说出自己的精神铭言,'人不是为失败而生的''一个人可以被毁灭,但不能给打败'。希望你们在新的人生阶段,敢于直面一切困难挑战,注重塑造坚韧精神,不断磨砺勇毅品质,这种精神和品质将成为你们受益终身的财富。"

引导学生参与评选,围绕世界阅读日扩大宣传。2016 年,学校第一次把"好读书"奖学金颁奖和世界读书日活动合并举行,在把"好读书"奖评选作为推动读书风气养成的重要举措的同时,评选出第一届"水木书榜·清华学生喜爱的 10 本好书",向社会介绍清华学生的读书情况。第一届"水木书榜·同学们喜爱的十本好书"为:《理想国》《红楼梦》《人间词话》《西方哲学史》《围城》《乡土中国》《百年孤独》《平凡的世界》《追风筝的人》《三体》。经历了书单推荐、专家评审和大众投票三个阶段,综合同学推荐、专家评审,形成了第一届水木书榜的评选结果。其中校长邱勇荐书《平凡的世界》最终高票入选。校长邱勇寄语:希望清华园形成越来越浓郁的读书氛围,清华师生为推动群众读书、推动民族素质的提升,作出应有的贡献。

整合学校优质资源,建设浸润式阅读体验中心。2016年,清华首个浸润式阅读体验中心——"邺架轩"正式面向公众开放。"邺架轩"取名自清华校歌中的"左图右史,邺架巍巍""肴核仁义,闻道日肥",意在通过阅读滋养身心,培育精神丰满的清华人。邺架轩包含了500余平方米的图书展出与阅览空间和100余平方米的沙龙讲座空间;近百家出版社最新出版的近3万册精品图书在这里展出,设有清华专区、老北京风物专区、二十四史专区等专题书架。邺架轩区别于一般的书店,聚焦思想文化领域的书籍,其目的在于促进清华同学有意识地培养自己、引导自己向思想文化领域的前贤、名著致敬,使人文精神成为清华学生科技创新发展和进一步走向国际化的底蕴和灵魂。同时,邺架轩"服务阅读,引领阅读"的宗旨也使得其在未来发展的过程中不仅仅是清华师生"选书、购书的好场所",更将为大家带来"读书、品书的好回忆"。学校邀请知名教授组成导师组,专门负责指导、组织学生的读书活动,开展读书沙龙和学术讲座,让邺架轩成为爱读书的清华人的好去处。

## (二)激励导向——发挥"好读书"奖学金正强化效应服务育人

发扬清华优良传统,延续良好阅读风气。"好读书"奖学金是杨绛先生于清华大学90周年校庆之际,以钱锺书、杨绛先生2001年上半年所获稿酬72万元及其后所发表作品获得报酬的权利捐赠给清华大学设立的。杨绛先生说:"我们一家三口都最爱清华。"因此她选择把这个奖学金设立在清华大学。奖学金命名为"好读书"奖学金,是因为她和钱锺书先生均热爱读书,并且最怀念清华的图书馆,以之作为纪念。杨绛先生用"好读书"为奖学金命名,蕴含了对同学们"好读书、读好书"的期待。

每年清华大学将该基金的利息用于奖励优秀学生，目前奖学金额度为每人8000元。"好读书"奖学金的设立，不仅帮助了一批学子实现他们的梦想，作为一种精神表征，它寄寓着两位文化前辈的魂魄与期待。目前好读书基金本金已到8000万元。

改革奖学金评选制度，创新相关活动扩大影响。为了更大程度地鼓励全校学生好读书、读好书，营造良好的读书氛围，学校改革了奖学金评选办法，扩大了评定范围，增加了奖励名额。获奖同学建筑学院王章宇说："阅读的愉悦对我而言，不仅在于对未知领域的探索，更是与志同道合者交流的快感。"他痴迷于交流中的思想碰撞，更惊喜于自发组织的"读书会"活动后，更多清华师生对文学的兴趣被点燃。"吾生也有涯，而知也无涯。但只要读书的精神薪火相传，便足够了。"获奖同学土木系潘晨说："我始终觉得作为清华学生最幸运的事情，就是能免费借阅书籍，跟浩如烟海的图书馆为伴。"通过阅读获得的人生阅历，更让他学会在践行理想主义的同时不断砥砺自身，"多问问自己内心的感受与热爱，少考虑社会的时尚与潮流"。

发展阅读主题学生社团，弘扬"好读书"精神。清华大学学生好读书协会以清华老校友钱锺书先生和杨绛先生提出的"好读书、读好书"倡议为宗旨，以继承和弘扬钱锺书先生、杨绛先生等老一辈学术大师的治学精神、为人风范为目标而成立。推动书香校园、人文清华的建设，好读书协会责无旁贷。好读书协会和清华大学文化素质教育基地、图书馆、校史馆等机构保持密切合作，参与了学校每一期"读书周""读书月"的活动组织筹备，参与组织若干期读书类讲座。从2016年开始，每到工作日，每天早上6:50好读书协会会组织同学聚在六教晨读间阅读，践行"锺书晨读计划"。和"晨读计划"并列的，还有一年一度的"好读书"征文比赛和"好读书"期刊的编辑。从征文、审稿到校对、排版，热爱阅读的同学们用文字记录下读书感受并主动和他人分享思考。从2016年开始，学生好读书协会发起了"读行计划"，带领同学们走进商务印书馆、走进国家大剧院、走进国家博物馆，在交流和互动中增进对书中问题的理解。

2018年,清华大学学生好读书协会获评"全民阅读优秀推广机构"。

### (三)形成合力——整合各方面读书活动,形成学生深度阅读计划

各部门通力协作,大力开展阅读推广。学校图书馆以建设书香校园、推动深度阅读为己任,坚持围绕学校价值塑造、知识传授和能力培养的三位一体培养模式,坚持全员、全过程、全方位育人,与清华大学国家大学生文化素质教育基地、教务处、研究生会、校团委和教育研究院等部门开放合作,协同推进,大力开展阅读推广和深度阅读系列活动,构建图书馆阅读推广和深度阅读长效发展模式,推进图书馆服务的转型与创新,促进"无阅读 不清华"校园文化建设。

以"资源"和"人"为核心,打造多维立体阅读活动。学校倾力打造包括专题书架、每周甄选、馆藏多媒体资源推介、音乐图书馆资源推介和挖矿系列等阅读推广系列活动,此外充分调动学生积极性,定期举办包括"学在清华·真人图书馆"系列活动、"我是读书人"读书经验分享会、清华读书讲座、信息达人分享系列沙龙和音乐图书馆系列讲座。同时每年以读书文化月和服务宣传月等形式集中开展阅读推广和深度阅读活动。

线下线上融合,围绕"邺架轩"打造系列阅读推广活动。学校在"邺架轩阅读体验书店"基础上相继策划、主办了"邺架读书沙龙"、"邺架轩·作者面对面"和"邺架轩·科学在身边"等一系列高端阅读活动,通过好书、好活动,在校园内深入推广阅读,着力打造高校阅读活动品牌。旨在通过高品质的阅读活动,培育清华师生的人文精神和人文素养,让读者多层面、深层次感受图书的魅力,让阅读更有温度,让百年清华在"更人文"的道路上走得更远。

# 三、经验启示

清华大学坚持围绕学校价值塑造、知识传授和能力培养的三位一体

培养模式,坚持全员、全过程、全方位育人,围绕校园读书氛围营造,探索形成了新的人才培养模式,取得了良好的效果,并总结出一系列行之有效的做法和经验。

### (一)激发阅读兴趣,培养阅读习惯,提高阅读品位

学校坚持建设书香校园、推动深度阅读,向学生介绍优质阅读资源。持续聚焦科技创新、思想文化和人文社科领域的重点新书和经典图书,使人文精神成为清华学生科技创新发展和进一步走向国际化的底蕴和灵魂。

### (二)结合校园特色,系列阅读活动成效显著

学校的系列阅读推广活动品牌突出、特色鲜明、定位清晰、组织有效、管理系统、传播有力,活动无论是选题策划水平,还是嘉宾学术文化水平和影响力,以及参与者的知识文化素养和参与程度等都比较高,活动具有创新性、复合性、实效性、可延展性和可复制性等特点。系列活动开展以来,广受校内师生好评。此外,学校邀请知名教授组成导师组,专门负责指导、组织学生的读书活动,开展读书沙龙和学术讲座,邀请作者(译者)、出版者来到清华,与清华师生面对面交流、探讨,砥砺思想,碰撞智慧,传承文化,以好书为核心,搭建起学生的阅读和沟通桥梁。

### (三)知行合一,从平面阅读到立体阅读

"读有故事的人,阅会行走的书",学校通过搭建多样阅读和交流平台,以阅读滋养学生身心,培育精神丰满的清华人。在深化阅读氛围的同时,同学们学到了更多求学问道的方法,感悟更多为人处世的道理。同学们对经典书籍的阅读、与书籍作者、阅读者的现场对话与交流,对推动我校文化素质教育建设、丰富校园文化活动内涵、提高学生综合素质发挥了积极作用。

实践证明,清华大学充分利用校园阅读资源,切实把历代学人留下

的宝贵精神财富转化为良好的新时代校园阅读氛围,进一步助力新时代人才培养。这类通过好书、好活动在校园内深入推广阅读、着力打造高校阅读活动品牌的工作模式,为新时代高校校园读书氛围营造工作提供了可参考、可推广的创新工作范式。未来,清华大学将继续充分运用过往校园读书氛围营造中的实践经验,长期策划、持续发力、多措并举,继续营造良好读书氛围、指导多种读书门径、促进师生读书交流、让书香持久满溢清华。

(执笔人:白本锋、魏晶、曾繁尘)

# 拓展思政课堂多元场景
# 强化朋辈互学浸润教育

——探索以博士生讲师团为载体的"双一流"思政教育新模式

## 一、背景情况

习近平总书记在考察清华大学时对当代青年提出"立大志、明大德、成大才、担大任"的殷切希望,要求广大青年"努力成为堪当民族复兴重任的时代新人"。作为落实立德树人、培育时代新人的关键工作,思想政治教育尤为重要。为贯彻落实党中央要求和部署,深入开展思想政治教育工作,清华大学组建博士生讲师团,持续从研究生中选拔培养政治素质过硬、理论功底扎实、表达能力突出的讲师,激发青年学生学习理论的自主性和潜能,推动思想政治工作浸润广大青年,以坚实的高校党建为"双一流"建设保驾护航。

自 1998 年 17 名清华大学博士生组成科技服务考察团以来,清华大学博士生先后前往全国各地开展社会实践活动,持续深入政府部门、乡村、企业、厂矿、社区等开展宣讲,曾受到张德江同志、黄坤明同志的亲切接见。伴随时代发展,组织先后被命名为博士生报告团、博士生实践服务团,直至 2011 年调整为博士生讲师团。2017 年,党的十九大胜利闭幕后,在北京市委教育工委和北京市委讲师团的指导下,北京高校学习习近平新时代中国特色社会主义思想博士生宣讲团在清华大学成立。2021 年,清华大学博士生讲师团结合建党百年重大历史契机,联合 42 所高校青年讲师团在北京、湖北、四川等 8 地接力开展党史宣讲,成立全国高校青年宣讲联盟；2022年,清华大学联合全国8大赛区发起"这十年·青年讲"全国高校青年宣讲联赛,号召广大青年广泛学习宣传党的十八大以来取得的恢宏成就、发生的伟大变革,以昂扬向上的精神状态迎接党的二十大胜利召开。

新时代以来,清华大学以博士生讲师团为载体,将宣讲教育与价值塑造、能力培养和知识传授"三位一体"育人理念相结合,形成以朋辈宣讲和浸润教育为核心的思想政治教育新模式。博士生讲师团采用的朋辈宣讲模式,能够让学生在"学习—宣讲—再学习—再宣讲"的良性循环中,实现"学以致讲—以讲促学—讲学相长"三大成效。"朋辈宣讲、联合宣讲、接力宣讲、线上线下融合宣讲"的多场景宣讲锻炼,也促使讲师们正确认识时代责任与历史使命。

清华大学博士生讲师团的思政育人新模式获得了中宣部、北京市教工委等部门的高度肯定,荣获中共中央宣传部颁发的基层理论宣讲先进集体表彰、北京市教工委颁发的首都大学生思想政治工作实效奖特等奖、清华大学教学成果奖特等奖等。

# 二、主要做法

在新时代思政教育改革创新的大背景下,面向青年人的思想政治工作需要结合青年群体特点来开展,高校研究生群体面对着深刻变化的社会、丰富多样的生活、形形色色的思潮,更需要在理想信念上进行有力指导。为进一步深化思想政治教育工作育人成效,清华大学以博士生讲师团为载体,创新发展思想政治教育新模式,重点推进了以下具体举措。

## (一)强化讲师队伍建设,拓展思政课堂学习场景

在思想政治素养培育方面,博士生讲师团推出"立言计划"项目,为讲师设计了包含"专家指导、理论研讨、集体备课、技能培训、多轮试讲、正式宣讲"的全流程精细化培养方案,引导讲师自主学习、协作学习、探

究学习、深度学习。邀请校内外专家教授为讲师开展理论指导与宣讲技能培训，提升讲师理论功底与表达能力；开展深度理论研讨与多轮试讲，在浸润式交流与共同学习中，进一步巩固理论学习成果。在与研究生专业知识的结合上，充分发挥不同学科交叉优势，鼓励讲师立足专业背景，聚焦专业领域开展宣讲。博士生讲师团还鼓励文科院系、理工科院系讲师团"一对一"协同发展，形成和声共振效果。作为学校思政课堂的深入延拓与高校思政学习模式的重大创新，"立言计划"有力助推双一流建设。

24年来，博士生讲师团培养了一批政治素质过硬、理论功底扎实、表达能力突出的优秀人才。党的十九大以来，讲师团累计培养研究生讲师近800名，其中多名讲师荣获"清华大学研究生学术新秀""清华大学学生年度人物"等荣誉，其中11位成为北京教育系统"永远跟党走"主题宣讲团成员、团中央微宣讲主讲人等。经调查，有89.3%的学生在成为博士生讲师团讲师后，更加希望自己前往基层一线建功立业。完善的讲师培养体系是思政育人工作的有效助力，在宣讲的过程中，思政教育浸润广大青年。

### （二）创新思政教育形式，拓展青年宣讲浸润场景

增强思政教育的亲和力、针对性是高校思想政治工作的核心任务之一。博士生讲师团结合青年研究生群体的心理特点与兴趣需求，积极拓展理论学习与宣讲的新场景，运用启发式、沉浸式、体验式教育，着力提升思政育人实效。

校内党团班集体是博士生讲师团理论学习与宣讲的重要场景，面向校内不同院系、不同专业背景的党团班集体开展宣讲，组织讲师与院系基层党团班集体结对子，不断扩大对基层党团班集体的覆盖。建立19个实地宣讲站，让青年讲师在理论学习与宣讲过程中获得高度的参与互动，从而实现深度学习、情感认同和价值塑造。

依托多元互联网场景，清华大学博士生讲师团采用"互联网+"思政

教育工作模式,制作"新时代,我来讲"系列微视频课程、"宣讲者计划"短视频等,围绕"冬奥宣讲进班团""冬奥青年讲"开展174场主题宣讲,覆盖17万余人次,视频点击量超2000万;围绕"这十年·青年讲"主题,发起微博话题"十年前的愿望实现了吗",阅读量超320万,50余所高校参与讨论,共同传递青年声音;在《人民日报》、新华社、共青团中央、《中国青年报》、《北京日报》、清华大学微博、抖音、快手等多平台发布"这十年·青年讲"系列短视频,总播放量超400万,其中,于2022年国庆发布原创RAP视频《辰光》,以青年宣讲共话十年发展,获《人民日报》、共青团中央、《中国青年报》等主流媒体转载,总播放量超100万。

除了校内小课堂,社会大课堂也是理论学习和宣讲的重要场景。为加强思政课的实践性,把思政小课堂同社会大课堂结合,博士生讲师团为研究生讲师提供"立言计划"因材施教项目和实践宣讲等多维度成长支持,设计了包含"专家指导、理论研讨、集体备课、技能培训、多轮试讲、正式宣讲"的全流程精细化培养方案。通过"备课—宣讲"全流程教学环节,利用"走一路、学一路、讲一路"的宝贵实践宣讲契机,将社会实践的"活教材"融入理论教学培养中,打造出了极具教育效力的思政育人"大课堂"。博士生讲师团扎根高校、走进一线、深入基层、走向海外开展宣讲,向外探索、向内生长,在校内外掀起了青年学习宣讲的热潮,不断拓展理论学习的边界。

### (三)打造宣讲矩阵效应,拓展高校接力宣讲场景

清华大学充分发挥高校人才聚集优势,搭建了高校研究生联合开展思想政治教育工作平台,在高校青年中打造高校接力宣讲矩阵效应。2021年,博士生讲师团联合全国42所高校成立全国高校青年宣讲联盟,自主发起全国高校党史接力宣讲活动,共计14场33万余人次接力参与党史学习,活动受到《光明日报》、《中国青年报》、新华社等主流媒体的广泛报道。

在党的二十大召开前夕,清华大学联合中国人民大学、吉林大学、南京大学、浙江大学、华中科技大学、华南理工大学、重庆大学、西安交通大学共同举办"这十年·青年讲"全国高校宣讲联赛,引领广大青年学生以奋发向上的精神状态迎接党的二十大胜利召开。在联赛启动仪式上,教育部党组成员、副部长翁铁慧出席活动并给予充分肯定。联赛吸引来自全国的133所高校参与,覆盖全国31个省、自治区、直辖市,4400余名选手参加各高校初赛,并深入3500余个党团支部开展宣讲。数十所高校进行了线上同步直播,线上线下总观看超过64万人次。

近23年来,清华大学博士生讲师团得到了国家主流媒体平台的广泛关注。《人民日报》以《用青春范讲党课》为题报道讲师团宣讲故事,新华社长篇通讯《是什么,让这群博士生接力宣讲20年?》在各大媒体刊载,发布5小时全网浏览量便突破百万。讲师团成员王蔚、李璎珞作为学生代表受邀参加中宣部学习贯彻习近平新时代中国特色社会主义思想研讨会,分别做了主题为《唤起青年千百万同心干》《为实现中国梦贡献强大青春能量》的发言并被《人民日报》(理论版)全文刊发。清华大学博士生讲师团通过与高校联动和媒体宣传,打造高校接力宣讲矩阵效应,推动形成了思想政治育人合力。

## 三、经验启示

新时代背景下,清华大学博士生讲师团形成的以朋辈宣讲和浸润教育为核心的思想政治教育新模式,强化了高校青年学生的自我教育、自我管理和自我服务,牢牢扣住研究生青年群体心理规律和思想政治工作规律,有效增强了高校思想政治教育工作的针对性、时代感和实效性,为高校思想政治工作提供了新的思路和借鉴。

### (一)激发学生主体性,实现"听课"与"讲课"有机交互

首先,通过学以致讲,学生由"被动学习者"转变为"主动宣讲者",研

究生讲师在宣讲前必须全面学习理论,做到深入研读经典、精心备课,学习、备课、宣讲的过程使得讲师的理论学习实践化、系统化、专业化。其次,通过以讲促学,调动学生主体能动性,对理论知识产生直观领悟与情感共鸣,使宣讲成为思政教学的有效补充。再次,宣讲者通过讲学相长,可以激发理论学习热情,推动思想进步和成熟,增强服务意识和情怀,进一步增强学生学习与宣讲的积极性,形成学与讲有机结合的良性闭环,充分发挥全过程主体性。博士生讲师团始终坚持以学生为中心,以立德树人的成效为目标,发挥讲学结合的优势,进一步巩固深化理论学习成果,提升学员宣讲能力及综合素质,有助于推进双一流建设的发展。

## (二)发挥思政育人实效,促进小课堂与大课堂互学共进

通过设立"立言计划"因材施教项目,引导讲师自主学习、协作学习、探究学习、深度学习。通过打造研究生思政教学共同体,逐步推动个体自学到群体互学,以清华大学以博士生讲师团为载体,搭建全国高校宣讲联盟,鼓励院系建立讲师团分团,打造高校青年群体马克思主义理论学习共同体,推动实现群体互学。通过开展"走一路、学一路、讲一路"实践宣讲,带领学生走向社会大课堂,走进基层、走向海外。

## (三)发起高校宣讲接力,实现从一到一百的宣讲热潮

在"这十年·青年讲"全国高校宣讲联赛中,鼓励参赛选手结合自身经历与专业特色,通过实践宣讲、视频录制、线上线下比赛等多元场景,选拔一批理论实、情怀深的优秀青年讲师,发挥高校宣讲矩阵效应。立足校内党团支部场景,注重以"老少同台,接力宣讲"形式开展宣讲活动,创建沉浸式宣讲站场景,充分挖掘校内红色教育资源。依托多元互联网场景,推动宣讲教学信息化,实现优质教学、学习资源共享。清华大学博士生讲师团通过持续做深做实主流宣讲,团结全国高校青年宣讲团互学

互鉴、共担使命,共同打造一支理论素养高、宣讲能力强的青年宣讲队伍,推动习近平新时代中国特色社会主义思想入脑入心,为培养德智体美劳全面发展的社会主义建设者和接班人作出自己的贡献。

(执笔人:赵芩、兰旻、金雨浩、施华杰)

# 坚持自主培养　深耕体教融合

## ——清华大学射击队探索高水平运动员培养新模式

# 一、背景情况

在 2020 年东京奥运会上,清华大学射击队队员杨倩夺得女子 10 米气步枪(赛会首金)和气步枪混合团体两枚金牌,成为中国射击队自组队参加奥运会以来第一个在同一届奥运会上拿到两枚金牌的运动员,中国第一个在奥运会上获得金牌的学生运动员,创造了新的历史。杨倩赛后接受采访时表示,拿到这块金牌感到非常自豪和开心,这是中国共产党建党百年,为祖国送上的最好的礼物。杨倩于 2016 年通过射击后备人才选拔进入清华大学射击队,就读清华附中"马约翰班",2018 年通过高考和高水平运动员项目考入清华大学经济管理学院,攻读工商管理专业。本届奥运会上,一同参赛的还有清华大学射击队队员史梦瑶,她在女子 50 米步枪三种姿势项目中获得第九名。

清华大学射击队(以下简称"射击队"或"清华射击队")始建于 20 世纪 50 年代中期,当时主要任务是参加国内的高校射击比赛。射击队以业余训练为主,坚持"学习比赛双肩挑",并且取得了不错的战绩。60 年代中后期因历史原因中断。为培养全面发展的高水平学生运动员,探索高校体教融合培养模式,在校领导及国家体育总局射击射箭运动管理中心领导的支持筹划下,清华大学于 1999 年复建射击队。复建后的射击队由清华大学和国家体育总局射击射箭运动管理中心共建,纳入国家射击集训队管理体系,是清华大学高水平运动队之一。

复建以来,射击队在"体教、学训结合、以学促训"的育人理念下,培养出一批德智体美劳全面发展的优秀体育人才。2020年1月,清华射击队复建20周年之际,在清华大学主楼举行了射击队复建20周年座谈会,学校与国家体育总局射运中心续签了共建协议,在高水平合作基础上,进一步推进和深化双方合作,希望能够利用双方优势,探索新时代"体教融合"的新内涵、新模式,在未来取得更加瞩目的成绩。

20多年来,从"体教结合"到"体教融合",清华射击队始终坚持以育人为根本,秉持"育人至上,体魄与人格并重"传统,在国内外赛事中争金夺银,体现了"无体育、不清华"的校园文化,发扬了清华优秀的体育精神传统,走出了一条有中国特色、清华风格的体教融合运动队发展之路。

# 二、主 要 做 法

## (一)创新发展模式,着力建设高水平运动队

完善组织管理体系,与国家队相融共建。1994年,清华开始着力建设高水平运动队,培养高水平运动员。1997年第八届全国运动会和1999年世界大学生运动会的赛场上也首次出现清华学生的身影。建队以来,田径、跳水、射击、赛艇等队伍在国内外各类赛事上均获得了优异的成绩。杨倩在奥运会上夺得双金是高水平运动队建设的成果体现。学校高度重视"体教融合试验田"射击队的建设,由校领导担任射击队领队。与国家体育总局射运中心签订共建协议,把清华射击队纳入国家队集训体系,设立国家队的"清华班组"。先后聘请张恒、王义夫、张秋萍、肖俊、单红、高静等一批竞技水平高、专业能力强的教练来校执教。坚持高标准选拔人才、高起点培养学生运动员,队员从初期招收国家队现役队员来校学习为主逐渐过渡到目前自主培养高水平学生运动员占多数。2021年在校队员19人中14人为学生运动员,占比74%。

探索创新合作形式,与省市队合力发展。清华大学以高校身份整体

加入中国射击协会,射击队运动员实行"双重注册"制,既可注册在省队(代表省市参加全运会等专业赛事),也注册在清华(代表学校参加大学生系列比赛),构建高校与省市队优势互补的合作机制。同时,清华射击队也可单独参加中国射击协会主办的各类专业赛事,获得更多的比赛交流机会。目前,清华射击队与浙江、河南、广东、河北、湖南、天津等省市队建立了良好的合作关系。2021年,5名共同培养的"双重注册"运动员获得全运会席位,并代表各省市参赛,取得了2金2银1铜的优异成绩。

### (二)坚持育人至上,选拔培养优秀竞技人才

贯通培养,持续输出后备人才。发挥学校教育资源优势和综合性大学的特点,每年选拔全国有潜力的中学生射击运动员到清华附中"马约翰体育班"试读试训,成绩优秀的运动员参加清华大学高水平运动员"冬令营招生选拔"和全国射击统测后,通过高考进入大学继续学习。目前,学校与河北衡水一中、杭州源清中学等单位建立了合作关系,不断拓宽后备人才的选拔来源。学校不断完善有潜质运动员的培养方案,把射击队等高水平运动队的本科修学年限从四年调整为五年弹性学制,学生备战重大赛事可休学并延长学习年限,本科结束后具备资格的可以继续攻读研究生,以此延长优秀运动员的竞技生命周期,全面培养学生成长发展。

学训结合,全面提升整体素质。坚持学习与训练相结合,射击队队员实行上午和晚上文化课学习,下午和假期运动训练的作息模式。学校根据学生运动员特点,单独编班制定培养计划,确保学习科目、标准和同学科专业学生要求一致。经管学院、武装部、体育部、校团委联合管理射击队,成立体育代表队工作组和学生党支部,配备班主任和党建辅导员、带班辅导员,全面指导队员学习生活,合理安排学术文化交流与社会实践,让学生运动员得到全面发展。射击队学生学业整体优秀,累计24人攻读硕士研究生,其中18人已完成学业顺利毕业。

刘天佑、孙鑫、李佩璟、刘立龙、陈芳、邱烨晗、王岳丰、杨倩等一批队员通过后备人才选拔进入清华大学射击队,就读于清华附中"马约翰

班",上午进行文化课学习,下午上完三节课后,16点到18点在射击馆进行专业训练,晚上射击队大学队员轮流排班,在射击队给中学队员进行补课,为中学队员进行答疑。

### (三)弘扬体育精神,践行爱国报国理想信念

展现奋勇拼搏、为国争光的精神风貌。20余年来,射击队牢记使命、拼搏奋斗,在世界大舞台上充分展现中国新时期大学生的青春风采,以实际行动为国争光。截至2021年11月,清华射击队在省市级以上比赛中共夺得奖牌750枚,其中金牌362枚,银牌239枚,铜牌149枚;7人参加奥运会,易思玲摘得2012年伦敦奥运会金牌和2016年里约奥运会铜牌,杨倩夺得2020年东京奥运会2枚金牌;26人达国家级运动健将,18人达国际级运动健将,53人次破世界或赛事纪录。

在发扬传统和实学实干中奉献祖国。射击队传承弘扬清华体育精神传统,形成包括"体教融合、学训结合、以学促训"办队理念、"爱国爱校、奉献感恩"队训、"尽父母呵护之心,行大学教育之责"教风、"团结友爱、携手奋进"队风。连续多年被评为"清华大学体育代表队优秀队伍",多位队员获得校级奖学金或"优秀学生干部""十佳运动员"等称号。射击队队员响应学校"立大志、入主流、上大舞台、干大事业"的号召,主动把个人理想信念与国家民族命运结合起来,2人在读期间携笔从戎到基层部队锤炼奉献,3人在本科毕业后投身支教事业;40名毕业生中,2人作为选调生扎根地方,3人自主创业,8人在体育产业或体育组织中任职,27人选择在多样化的企事业单位中拼搏奋斗,多数已走上核心岗位。

# 三、经 验 启 示

### (一)敢于打破传统办队理念,探索合作共建新模式

2005年教育部、国家体育总局在《关于进一步加强普通高等学校高

水平运动队建设的意见》中明确提出,普通高等学校建立高水平运动队是为国家培养全面发展的高水平体育人才,目标是完成世界大学生运动会及国际、国内重大体育比赛任务,为国家奥运争光计划和竞技体育可持续发展作贡献。高校在发展高水平运动队的过程中,一方面要坚持自主培养原则;另一方面加强与省市射击队在机制、管理、保障等全方面的紧密合作,打破传统高水平运动队办队模式,以高起点、高要求、高定位、高目标的理念创建高水平运动队,实现"1+1>2"的倍增效应。

## (二)扎实建立后备人才培养机制,促进学生运动员全面发展

高校在探索竞技体育后备人才培养途径中,应注重优化资源配置;联合初、高中学校,建立后备人才培养机制,促进融会贯通合作发展。高水平运动队对初、高中运动队的发展起着"风向标"式的作用,高校应参与到初、高中学生运动员各阶段、全方面的培养中,坚持学习和赛训两手抓。"学生运动员"的身份首先是学生,运动员是其特长的一个延伸;他们正常完成初高中阶段的培养计划,通过高水平运动员招生和高考进入高校。坚持学业标准的情况下,高校要为高水平运动员制定专门的培养方案,让学生在完成训练、比赛任务的同时,加强文化课学习,完成学业,努力做到"又红又专、全面发展"。

(执笔人:陈芳、董智、朱晓冬)

# 理直气壮开好思政课

——思想政治理论课教学模式创新与实践

## 一、背 景 情 况

2019年3月18日,习近平总书记主持召开学校思想政治理论课教师座谈会并发表重要讲话,为新时代思政课建设指明了方向,提供了根本遵循。总书记强调,思想政治理论课是落实立德树人根本任务的关键课程。我们办中国特色社会主义教育,就是要理直气壮开好思政课,用新时代中国特色社会主义思想铸魂育人,引导学生增强中国特色社会主义道路自信、理论自信、制度自信、文化自信,厚植爱国主义情怀,把爱国情、强国志、报国行自觉融入坚持和发展中国特色社会主义事业、建设社会主义现代化强国、实现中华民族伟大复兴的奋斗之中。思政课作用不可替代,思政课教师队伍责任重大。为贯彻落实习近平总书记重要讲话精神,中共中央办公厅、国务院办公厅印发了《关于深化新时代学校思想政治理论课改革创新的若干意见》,教育部先后印发了《"新时代高校思想政治理论课创优行动"工作方案》《"习近平新时代中国特色社会主义思想概论"课程建设方案》《新时代学校思想政治理论课改革创新实施方案》等文件,我校制定出台了《清华大学关于深入推进新时代学校思想政治理论课改革创新工作方案》,为新时代进一步加强思政课建设、推进思政课改革创新提供了基本政策指导和支持。

经过长期建设,目前清华大学已建成以"习近平新时代中国特色社会主义思想"为核心的涵盖9门思政必修课程(6门本科、3门研究生)及系列思政选修课程(目前71门)的"大思政"课程体系,使清华大学思政课建设整体水平继续保持全国高校领先地位。学校支持推动现代信息技术与教育教学深度融合,着力解决思政课教学模式创新的问题。马克思主义学院按照学校部署大力推进思政课教学改革创新,在提升思政课教师教书育人能力及信息化能力素养,推动互联网、人工智能等现代信息技术在思政课教学中的应用、创新基于慕课的混合式教学等方面进行了有益探索和实践,取得了良好成效。

# 二、主 要 做 法

## (一)推进基于慕课的混合式教学,提升思政课教学的有效性和学生获得感

为了提高学生学习思政课的主动性、积极性与参与性,提升思政课的有效性,马克思主义学院大力推进混合式教学模式。混合式教学通常包括五方面内容:一是慕课视频,主要讲解基础知识和基本理论,完成国家统编教材要求的规定内容,学生可以随时随地进行观看学习。二是课堂讲授,主要讲解学生关注的重大理论与现实问题,帮助学生释疑解惑,完成专题讲授。三是小班讨论,主要聚焦于社会上的重要思潮和重要问题,加强师生互动和生生互动,促进学生之间的同辈学习,锻炼学生思辨、言说、沟通的能力。四是线下作业,要求学生总结自我、审视自我,锻炼学生阅读、调研和写作的能力。五是期末考核,统筹以上四项要素,综合评定学生学习成绩。

"毛泽东思想和中国特色社会主义思想体系概论"创新了"导客为主"的教学模式,即引导学生从思政课的"客人"转变为思政课的"主人",从"做客心态"转变为"做东心态"。相对于传统教学,混合式教学运用绘声绘色的慕课资源,吸引学生在课前学习,要求学生带着问题到课堂上学习,敦促学生进行师生互动和生生互动。相对于慕课教学,混合式教

学重视师生之间面对面的交流,重视学生之间的深度沟通和互动,重视课下作业的设置和反馈。混合式教学可以避免传统教学与慕课教学各自的不足,同时发挥两者的长处。

## (二) 以"雨课堂"信息技术为平台,创新有机衔接混合式教学各环节的教学模式

近年来,"思想道德与法治"课程探索以雨课堂信息技术为平台和纽带,将在线开放课程、课堂专题教学、小班研讨课(翻转课堂)、课外作业(实践)等混合式教学各环节有机衔接。在线课程落实教材基本内容和知识理论体系的教学要求,为学生自主、灵活地学习提供系统的网络教学资源,促进学习效率的提升。课堂专题教学围绕教学重点、难点问题开展专题教学,通过面对面授课发挥教师言传身教的主导作用,通过雨课堂技术促进学生对教学过程的有效参与。小班研讨课的翻转课堂学习方式,引导学生根据自身发展期待和需要选择相应的讨论话题,在主题发布、小组调研、问答讨论的互动过程中促进理论的内化。基于雨课件的课外作业帮助学生提前预习相关知识基础,及时复习并延伸课堂教学内容,形成课内课外相贯通的过程性评价体系。这一探索取得积极教学实效,得到学生欢迎和良好评价。

## (三) 推进研究生思政课教学相长,形成全方位多层次的立体教学格局

"中国马克思主义与当代"积极探索多元课堂主体,将"教学相长"模式与"翻转课堂"的理念结合起来,形成对话式课堂教学、研究讨论型团队、参与式课前展示三种教学形式。在具体实施过程中,精心设计课堂讲授内容所关涉的核心概念和基本问题,以提问、讨论、对话的方式进行师生互动,把学生的思考点和注意力吸引到所讲问题的基本逻辑中。针对学生所提出的问题,结合专题内容系统、全面地进行讲解,讲授过程中始终注意在提问环节对学生不清楚或不能完整掌握的概念和问题作深

入阐发并做重点归纳。

"中国特色社会主义理论与实践"课程针对研究生思政课教学对象在知识储备、研究性思维能力,以及思想活跃度方面的特点,依据教学大纲,进一步科学化教学内容体系设计,确立从理论逻辑、历史逻辑、现实逻辑入手系统阐释新时代中国特色社会主义理论与实践问题的教学思路,以政治发展、经济建设、社会建设等重大理论与实践问题的研讨为平台依托,构建研究型教学的专题架构基础。在每个专题的设置中,按照从理论到实践、再到现实启示的总体逻辑,安排核心问题作为支撑每个教学单元内容展开的依托,进而在每个教学单元内持续设置课中要点问题与课后思考问题,使对学生思辨与批判能力的训练贯穿于整个问题导向式的研究型教学过程中,切实回应学生的理论与现实关切,提升其学理化解释中国问题的意识与能力。

"自然辩证法"课程"以问题为导向",力图使课程成为研究性、研讨型的课程。课前安排2~3位研究生作几分钟的课堂报告,然后进行讨论,课后安排"批判性思维"作业和写作读原著的读书报告,并要求同学们利用"网络学堂"发帖进行讨论,并请若干同学在课堂上和"网络学堂"上分享他们的作业。教师还鼓励同学们一边听课,一边把自己所思所想发弹幕,随时交流反馈心得体会。

### (四)完善思政课内容体系与教学环节,实现价值塑造的协同递进

在教学内容体系建设上,鼓励教师结合自己的专业背景和科研来重新编排教学内容和逻辑体系,以问题导向贯穿于每一个专题讲授的过程中,既与同学们分享学界的讨论和自己的观点,又把更为开放的探讨空间留给大家,用有意识的价值引导但又不显得过于生硬的课后思考问题,启发学生更多地利用课堂外的时间去发现、分析理论与现实问题,从而在学习思考的过程实现价值塑造。同时,以助教体系助力"教师、助教、学生"学习共同体的营造。明确教师与助教之间的职能分工,采用分

级管理、集体备课、定期反思等打造队伍体系,使助教团队成为连接师生的纽带,将统一的教学目标融入日常化、个性化的辅导路径之中。以助教体系带动学生"听、读、说、写"的逐级提升,将学生的学习过程拆分成有序衔接、层层递进的环节,要求助教在全过程参与引导,既为学生提供自主探索的空间,又使其依循教师设计的轨道逐级提升,实现价值观的内化于心。总之,全过程关注学生学习的主动性和在团队中的贡献,以立体评价贯彻价值导向。

# 三、经验启示

## (一)通过大力推进教学改革,提振学生学习积极性自主性、提升学习获得感

结合本科生、研究生不同特点和专业背景,进一步创新研究型、因材施教、教学相长、慕课混合式教学等思政课教学模式,强化价值塑造、能力培养与知识传授相结合的三位一体的育人理念,运用互联网技术以及学堂在线、雨课堂等智慧教学工具,形成线上线下、课内课外、校内校外全方位多层次的立体教学格局,有效提升思政课教学整体水平和质量,服务立德树人根本任务,广泛传递思政课正能量。进一步优化各种教学资源配置,在现有3门思政课慕课获评国家精品在线开放课程、5门课程获得国家级一流本科课程认定,以及2门课程登录edX国际慕课平台、1门研究生思政课慕课对社会开放的基础上,以点带面推动建设一批内容深刻、形式多样、教学效果好的思政课程。

## (二)通过完善教学制度,进一步提升思政课教师教学能力水平

坚持思政课集体备课和听课制度,激励教师加强教学研究。坚持每学期召开思政课教学研讨会,着力解决教学中的重点难点问题,使各门

课程间形成相互借鉴优势互补的合力。通过教师间集体备课、相互听课、相互借鉴,进一步提升教学整体水平。完善思想政治理论课教学奖励办法,加大各类教学奖的奖励力度,形成思想政治理论课教师热爱教学、钻研教学的良好氛围。建立思想政治理论课教师定期参加社会实践制度,每位老师每年至少参加一次由学校或马克思主义学院组织的教师或学生社会实践活动,努力提升理论联系实际的能力与水平。创造"走出去、请进来"的有利条件,适时组织教师到兄弟高校学习、调研、交流,借鉴吸收其他高校思政课建设经验。鼓励教师开展国内外学术交流,加大对国外和境外学术交流的支持力度,使思政课教师更加深刻了解中国和世界,增强教学的时代感和使命意识。

## (三)通过制定思政课教师队伍培养培训计划,强化教师队伍梯队建设

学院高度重视思政课教师队伍建设。多年来,学院一方面加大人才引进力度,引入了一批名家大师参与思政课教学;另一方面全面加强青年教师的培养培训工作。学院为新上岗教师一对一配备教学导师,加强对青年教师的传帮带。既有意识地加强培养扶持,也有意识地创造机会把青年教师推上更广阔的舞台,让用新法、讲新课的青年教师能够脱颖而出。目前,学院已经初步形成了一支老中青相结合的年龄、职称基本合理的思政课教师队伍。

(执笔人:王雯姝、冯务中、林毅、张瑜)

# 使命驱动　专业赋能　全面支持

## ——基层公共部门人才培养体系建设与实践

## 一、背景情况

党的十九届六中全会指出:"党和人民事业发展需要一代代中国共产党人接续奋斗,必须抓好后继有人这个根本大计。"这是以习近平同志为核心的党中央站在历史和全局高度提出的重大战略任务,是实现党和国家事业兴旺发达、长治久安的必然要求。习近平总书记在全国教育大会上强调,要坚持中国特色社会主义教育发展道路,培养德智体美劳全面发展的社会主义建设者和接班人。2021年4月19日,习近平总书记到清华大学考察时对当代青年提出殷切希望:"广大青年要肩负历史使命,坚定前进信心,立大志、明大德、成大才、担大任,努力成为堪当民族复兴重任的时代新人。"

清华大学党委坚持以习近平新时代中国特色社会主义思想为指导,全面贯彻党的教育方针,始终将立德树人放在最重要、最根本的位置。一直以来,学校将就业引导作为人才培养过程中具有战略意义的关键环节,在全国高校中率先提出"立大志、入主流、上大舞台、干大事业"的就业引导理念,把输送优秀毕业生到基层公共部门奉献成长作为人才培养与输送的重要目标,鼓励和支持毕业生到祖国最需要的地方建功立业。

为增强学生对基层公共部门的价值认同和就业胜任力,完善基层公共部门就业支持,清华大学经过近十年的探索与实践,建立了一套科学完整、运行有效的基层公共部门人才培养体系。通过开展基层公共部门就业引导,强化基层公共部门素质培养,拓展对基层公共部门毕业生全面支持,有效解决了学生赴基层公共部门工作"不想去""不能去"和"去不了"的关键问题,将一大批优秀学生培养输送成为基层公共部门党政人才。

# 二、主 要 做 法

## （一）使命驱动,将基层公共部门就业引导贯穿育人全过程

清华大学始终从服务党和国家事业发展全局高度推动学生就业工作,引导越来越多的学生在毕业时立志服务社会、奉献国家,主动选择基层公共部门就业,将个人成长融入国家发展之中。一是坚持正确方向。用习近平新时代中国特色社会主义思想武装头脑,引导学生志存高远、脚踏实地,到基层一线贡献力量、砥砺成长。制定发布学校关于加强和改进新形势下思想政治工作的实施意见,扎实落实,主动作为,不断深化新时代学生就业引导工作。以"爱国、成才、奉献"为主线,先后开展"我伴祖国共辉煌""行健新百年、共筑中国梦"等十轮主题教育,激励学生树立"祖国至上、人民为先、事业为重"的人生观,有意识地为基层公共部门优秀人才输送奠定良好基础。二是坚持党建引领。建立校系两级就业工作领导小组,由校党委书记和院系党委书记分别担任领导小组组长,将基层公共部门作为重点方向,引导学生将个人成长融入党和国家事业发展之中。坚持以党建为龙头强化理想信念教育,组织学生党员骨干赴井冈山、遵义、延安等教育基地读书实践,充分发挥学生党员在就业中的带头作用,鼓励毕业生到基层受教育、长才干、作贡献,让青春之花绽放在祖国最需要的地方。三是坚持因材施教。设立国内首个以培养基层公共部门人才为目标的"唐仲英计划"因材施教项目,秉承"全过程累进

式匹配教育资源"理念,通过课程学习、拓展训练等方式,十年来累计对600余名学生进行个性化培养,已毕业学员中70%以上选择基层公共部门就业。指导成立学生基层公共部门发展研究会,成为首个由高校学生自发成立、开展自我教育的公共管理领域学生组织,定期组织集体学习、嘉宾沙龙等活动,每年覆盖5000余名学生,引导毕业生到基层公共部门建功立业。

### (二)专业赋能,强化基层公共部门素质培养

清华大学构建贯通本研、层层引导、步步衔接的基层公共部门素质培养体系,实现了全培养阶段的多环节育人平台,增强学生基层公共部门就业胜任力和竞争力。一是构建教育教学平台。结合入学教育契机,面向新生开展就业引导专题讲座,推广基层公共部门就业理念,每年覆盖学生近万人次。将基层公共部门人才培养融入第一课堂教育,开设《中国政府与政治》《中国政府运作》等近50门专业课程,依托选修课程、证书项目、学位项目三级体系,年均覆盖学生1万人次,形成从知识普及、能力提升到专业复合的递进式公共管理教育体系,提升基层公共部门就业学生专业化素质。二是完善职业辅导平台。创新设立基层公共部门职业辅导咨询室,提供一对一咨询服务,开展个性化辅导,已累计覆盖近2000名学生。组织公务员考试特训班,以"大班授课、分组训练、校友答疑、模考评估"的形式全方位、多维度开展培训,切实帮助毕业生提升笔面试能力,每年吸引2000余人参加。组织选调生离校前集中培训,从应知应会、工作要求等方面强化训练,邀请专家学者和基层干部授课交流,提高毕业生基层服务能力。对有志到西藏等西部艰苦边远地区公共部门工作的毕业生,专门组织实地考察活动,帮助快速适应岗位要求。三是强化实践育人平台。强化研究生骨干研修班,每年选拔200余名优秀学生骨干到基层党政部门进行6周短期挂职实践,提供"真刀真枪"锻炼机会,通过专项工作、专题研究等形式,深入了解基层实际。创新推出公共部门职业教练计划和"1+1"基层导师影子实践,邀请基层公共部门

党政领导担任职业教练和基层导师,组织学生跟班观摩基层政府工作,深入了解国情社情民情,深刻理解政府运行机制和社会治理模式,坚定基层公共部门就业选择。

### (三)全面支持,助力公共部门校友扎根基层干事创业

为帮助毕业生在基层公共部门去得了、留得住、干得好,清华大学高度重视针对基层公共部门就业渠道拓展和对校友长期的关心培养,不断完善基层公共部门就业服务体系。一是"扶上马"。传统选调生工作往往开展时间较晚,且学生需到当地笔面试,毕业生进入基层公共部门渠道不畅通。清华大学在全国首创定向选调,与地方党委组织部门开展深入合作,面向高校设置专项人才政策,优化选调生招录程序——考录时间前移至秋季学期、考录地点前移至大学校园,为高校毕业生进入基层公共部门畅通渠道。二是"送一程"。坚持长期关心基层公共部门校友,校领导和部门负责人每年走访近20个省(区、市),特别近十年连续到西藏、新疆看望校友,举办基层公共部门校友座谈会,支持校友努力服务当地经济社会发展。近年来,多次邀请基层公共部门校友出席毕业典礼、校庆晚会并发言。设立"启航奖""西藏新疆青海专项励业金",对到西部、基层等就业的毕业生进行表彰奖励,获奖毕业生四成前往基层公共部门就业,十年来累计投入近1000万元。三是"关心一生"。制定实施基层公共部门校友发展支持计划,设立专项励业基金,关心帮助生活、医疗等方面遭遇困难的基层校友,最高可资助10万元,支持基层校友返校深造与参加培训。目前已有30余名基层校友返校攻读在职公共管理硕士,400余人次返校参加世界和平论坛、基层校友论坛等活动。

十年来,清华大学累计输送2600余名毕业生到各地基层公共部门工作服务奉献,中西部、东北地区占比近50%,一批毕业生坚定选择西藏、新疆、青海等西部艰苦边远地区,显著改善毕业生就业地域分布,通过输送大量优秀人才为地区经济社会发展贡献清华力量。

# 三、经 验 启 示

## （一）突破市场经济局限的就业引导理念

在市场经济背景下，学生就业形势呈现出向经济发达地区、大城市、收入高的行业领域集中的趋势。清华大学在全国高校中率先开展就业引导工作，并旗帜鲜明地提出，学生的就业选择不仅要依靠市场经济这只看不见的手，还要依靠思想政治教育这只看得见的手。长期以来，学校大力倡导"祖国至上、人民为先、事业为重"的价值观和"立大志、入主流、上大舞台、干大事业"的择业观，经过广泛的实践，探索出了市场经济条件下人才输送的新范式。所形成的突破市场经济局限的就业引导理念，很好地契合了中国特色社会主义高校为党育人、为国育才的初心使命，是对中国特色社会主义高校"培养什么人、怎样培养人、为谁培养人"这一根本问题的响亮回答。

## （二）以学生为中心的朋辈教育模式

在网络信息时代，传统说教模式已不能有效赢得学生认可。清华大学在培养基层公共部门人才过程中坚持"以学生为中心"，在全国高校中率先将学生自我教育、自我服务、自我管理的朋辈教育模式大规模运用到基层公共部门人才培养，依托学生基层公共部门发展研究会、"唐仲英计划"因材施教项目等，充分发挥朋辈间共同的思维优势、话语优势、内容优势和规模优势，将党的教育方针与学校就业引导理念转化为学生的自我教育和自主教育。在学生就业选择过程中，通过朋辈教育模式的创新，有效实现了从"要我去"到"我要去"的思想转变。

## （三）向基层选送人才的定向选调机制

经过近十年的探索努力，清华大学已实现与全国 31 个省（区、市）开展多种形式定向选调合作。定向选调工作机制的根本意义,在于拓宽了高校毕业生通过基层公共部门服务社会、服务人民的渠道,显著促进了我校乃至全国高校基层公共部门人才的培养输送力度,在很大程度上满足了全国各地、特别是不发达地区基层公共部门对于高素质专业化年轻干部的迫切需求。在定向选调基础上,清华大学以人才合作为纽带全面深化校地合作,不断把学校教育、科研、人才优势转化为服务和贡献地方发展的优势,持续扩大学校承担社会责任的范围和能力。

(执笔人:张超、董吉男、黄峰)

# 队伍建设篇

# 敢为人先　锐意改革
# 建设世界一流生命学科

——生命科学学院人事制度改革实践与探索

## 一、背景情况

2002年,为进一步落实人才强国战略,国家颁布《2002—2005年全国人才队伍建设规划纲要》。2010年,国务院常务会议审议并通过《国家中长期教育改革和发展规划纲要(2010—2020年)》,努力提升我国教育的国际地位与竞争力。

2002年,清华大学校务会议通过《关于完善教师职务聘任制的实施办法》,提出将学校教师队伍划分为教学科研系列、研究系列和教学系列三个职务系列,并明确了各系列教师的岗位职责与任职条件。2003年,学校开始进行第一批教学科研系列教师聘任的试点,聘任标准初具国外终身教职准聘-长聘(tenure track)制度中终身(tenure)教授的雏形。但是,由于当时学校和院系对于教学科研系列教师的政策、制度和实际待遇没有及时配套,教学科研系列教师的聘任未能持续推进。

1992—1995年期间,生物系就尝试在系内实行PI(Principle Investigator,独立实验室负责人)制。2007年,生物系80%左右的在职教师具有海外留学或工作经历,对于聘任制、有限聘期的理念和政策有较高的认同感和接受度。2008年,学校出台《在部分院系进行高水平学术团队青年人才引进及聘用试点工作的实施办法》,生物系作为试点院系之一试行"特别研究员"制度。该办法的核心内容与tenure track制度基本相同。"特别研究员"制度为期两年的实践为生命科学学院的人事制度改革奠定了良好的基础。

2009年9月,学校决定成立清华大学生命科学学院(以下简称生命学院)。生命学院从建院伊始就启动筹备人事制度改革,努力通过扩大师资队伍规模、引进具有国际影响力的学术带头人、招聘富有创造力和充满热情的青年学术骨干、配置支撑科研的技术攻坚团队,从而实现生命学科的跨越式发展,向世界一流水平迈进。2010年7月正式启动的生命学院人事制度改革不仅是清华历史上第一次,也是中国大陆高校第一次全方位与国际接轨的教师队伍人事制度改革,为清华大学2013年启动全校人事制度改革提供了重要的经验和借鉴。

# 二、主 要 做 法

## (一)充分酝酿,谨慎启动

2009年9月,生命学院开始酝酿人事制度改革。由于此次改革涉及全院教职员工,所以学院在推进过程中非常慎重,经历了"三上三下"的改革方案制定过程。首先,面向资深教授开展调研,在充分听取大家意见建议的基础上,于11月完成生命学院人事制度改革方案(以下简称改革方案)第一稿,并面向全院教职工征求意见。大家对改革方案非常赞成,并对"老人老办法"的细则提出建议。其后,根据收集到的意见建议,院务会[①]对改革方案进行充分讨论,决定对教授中"老人"(2000年12月31日之前任职人员)、"中人"(2001年1月1日至2006年12月31日任职人员)和"新人"(2007年以后入职)的评审办法要适当体现差异。12月,形成改革方案第二稿,发送全院教职工并投票,得到了大多数人员的赞成。随后,院务会又对改革方案的一些细节进行了补充,如续聘

---

[①] 清华大学2018年9月公布《清华大学院(系)党政联席会议规则(试行)》,院(系)务会统称为党政联席会议。

条件、签订无固定期限合同的条件、改革方案的附加说明等,并向相关人员解释说明,形成改革方案第三稿。12月底,全院教职工对改革方案第三稿进行投票,得到81.2%的赞成票。三轮征求意见和慎重修改方案的过程,为改革方案的顺利推进提供了坚实的基础和保障。

2010年7月,校务会议审议通过《生命科学学院人事与聘任管理办法(试行)》(以下简称《管理办法》),生命学院人事制度改革正式启动。改革的目标是通过5年的调整和过渡,使以tenure track系列为主体的生命学科教师队伍规模和整体学术水平达到世界一流大学水平。tenure track制度可以在青年人才创造力最旺盛的时候给予更好的工作条件和一定的压力,激励其做出富有创造性的成果;可以充分锻炼青年人才独立从事科研工作和领导研究团队的能力,有利于提高师资队伍的质量。

### (二)建章立制,摸索推进

生命学院的人事制度改革以"国际化、竞争性、高效率、促和谐"为基本原则,将所有教职工依据岗位职责分为tenure track系列[①]、教学系列、研究系列、实验技术系列和教育职员系列共5个系列。

为确保改革的顺利推进,学院相继制定与《管理办法》配套的细则及补充办法,包括《各系列人员福利待遇细则》《招聘事业编制研究系列及实验技术系列人员细则》《专业技术职务院内评审办法》《教师课时和PI公共服务工作量考核办法》《人才引进院内评审办法》和《清华大学大生命科学PI招聘办法》等,确保改革理念落到实处。学校和学院在青年人才入职时提供良好的支持条件,在制度上保障其独立从事科学研究的学术权力,鼓励和支持教师从事基础性、前沿性和长周期的科学研究工作。

---

① 2013年,清华大学制定《关于深化人事制度改革、加强教师队伍建设的若干意见》(以下简称《若干意见》),根据岗位职责,全校设置教研、教学、研究三个不同职务系列。2015年,生命学院按照《若干意见》相关规定制定《生命科学学院人事制度改革与教师聘任管理办法》,将tenure track系列对接为教研系列。

两个《细则》对 tenure track 系列和研究系列人员的薪酬、校内福利待遇、退出机制等作出了详尽的说明。《管理办法》对 tenure track 系列教师的教学工作量、教学效果以及公共服务也都提出了明确要求。为了进一步规范教师队伍年度考核,学院对教学工作和公共服务工作不达标的教师进行一定程度的"处罚"。对 tenure track 系列人员的引进工作进行系统规划,进一步明确 tenure track 教授会、tenure 教授会和院务会的职责,并与医学院共同开展大生命科学的人才引进工作。

学院高度重视构建良性运行机制、营造和谐共进氛围。充分发挥 tenure 教授会在学院发展中的作用,帮助新进 PI 尽快步入教学科研正轨。2012 年 4 月,启动新进 PI Mentor 制度,根据研究方向,给每位处于第一个聘期的 PI 分配两位 tenure 教授,为其提供帮助和指导。

### (三) 动态平衡,健康发展

在经历了改革初期的阵痛和磨合后,生命学院的人事制度改革进入了新的自主发展阶段。人事制度改革的核心是教师队伍的聘任管理,而在教师聘任管理工作中,长聘评审是学校和学院最重视、教师最关心的工作。学院持续加强制度建设,着力推进公开透明的执行流程,力求全面客观地评价申请人的综合情况。

2017 年至 2019 年,生命学院长聘教授委员会会议先后达成以下共识,不断完善长聘评审规则。①加强党委在人才考核和晋升方面发挥的作用,邀请学院党委书记、主管教学副院长和主管研究生副院长出席或列席长聘教授委员会会议,从师德师风、教育教学等方面对申请人的表现给予评价。②明确长聘副教授申请长聘教授的材料内容,必须是任长聘副教授以来的成果。③明确申请材料中要体现长聘申请人在合作发表论文中的主要贡献。生命学院的很多做法被写入 2020 年度清华大学教师聘任管理更新方案的模板中。

自人事制度改革启动以来,生命学院教研系列教师中共有 56 人次申请长聘职务,其中 42 人次被聘为长聘教授/副教授。当前,在生命学院的文化中,"长聘未通过"已不再是讳莫如深的话题,适度"人员流动"已成为常态。学院通过人员结构的动态调整,持续向着更加健康的方向发展。对于流动人员而言,清华大学的工作经历也为他们今后的科研生涯打下了良好的基础。

### (四)党管人才,坚持正确发展方向

学院党委持续加强政治理论学习,重点学习习近平新时代中国特色社会主义思想、习近平总书记关于教育的重要论述,以及对清华大学的指示批示精神。明确党委书记和院长为学院师德师风建设第一负责人,在学院建设全覆盖的理论学习体系,每月组织一次全院教职工的时事政策和政治学习,激励教职员工成为立德树人的模范、爱国奉献的先锋。在教师聘期考核和职称晋升时,由学院党委对申请人的思想政治、师德师风和学术道德表现进行前置把关。明确导师是学生思政工作的首要责任人,使教师自觉成为学生的"四个引路人"。高度重视学术骨干和青年教师的政治引领工作,主动与教师沟通党的知识分子政策,引导教师提升自身的思想理论水平。近年来,生命学院党委在青年教师和学术骨干中发展了多名党员,他们都成长为学院的中坚力量。

生命学院人事制度改革借鉴并引入国际化的 tenure track 制度,以聘期考核和退出机制促进师资队伍的持续发展,形成了学术水平高、教学经验丰富、年龄结构合理的教师队伍。与此同时,承担科研支撑任务的实验技术队伍和承担行政支撑任务的教育职员队伍在这样的学术共同体文化引领下,迸发了更为强烈的岗位责任感和使命感,能够更好地服务于人才培养、科学研究等学院中心工作。人事制度改革极大地促进了清华大学生命学科的跨越式发展和学术共同体文化建设。2012 年,在第三轮全国一级学科评估中,清华生物学科名列全国第一,实现了历史性突破。2017 年,在第四轮全国一级学科评估中,清华大学生物学科再获佳绩,获评 A+学科。

## 三、经 验 启 示

### （一）着眼世界，顺应改革需要

生命学院人事制度改革的顺利实施适应了国家高等教育改革发展的需要，得益于国家和学校的大力支持。在国家刚刚召开全国教育工作会议并颁布实施《国家中长期教育改革和发展规划纲要（2010—2020年）》、努力提升我国教育的国际地位与竞争力之际，生命学院人事制度改革适时启动。作为第一个推进人事制度改革的试点院系，学校加大了对生命学院的授权，全力支持学院的改革试点工作。在改革初期，生命学院领导班子着眼建设世界一流的生命学科，从战略高度对改革方案进行顶层设计，把握方向，严格标准，实现了人事制度改革的高质量平稳落地。

### （二）尊重历史，广泛凝聚共识

人事制度改革的核心在"人"，执行者是人、执行对象也是人。生命学院人事制度改革之所以能够成功，其关键在于尊重历史、尊重历史中的人，并在尊重历史的前提下广泛凝聚共识。虽然改革方案确立了tenure track系列的流动机制，但在执行过程中不搞"一刀切"，而是根据"新人新办法、老人老办法"，在评审程序和标准等方面尊重"历史"、体现差别。学院的改革方案提交学校之前，在全院范围内进行了三次征求意见，并通过调研、谈心和教授会等方式与相关群体和个人进行多次深度沟通，形成广泛共识，由此制定的改革方案既容纳现状又适应未来发展。生命学院引导每一位教职工在学院发展的蓝图下进行个人发展规划，在充分了解并认同相关系列的岗位职责、考核和晋升机制、流动办法等的基础上主动选择，开创性地、稳妥地实现了改革政策的落地。

## （三）符合规律，实现整体改革

生命学院人事制度改革是符合中国国情、符合教师自身发展规律、符合学术发展要求的。作为一个针对学院全体教职员工的整体性改革方案，不再是现有制度环境下的部分改良，而是实现了一个小范围的整体性变革。改革将生命学院全体教职员工划分为以 tenure track 系列为主体的 5 个系列，明确了各系列的岗位职责、考核、晋升和流动办法。包括行政管理人员在内的每一位教职工都在改革中找到了自己的位置，成为了新体制中的一分子。生命学院的人事制度改革为清华大学 2013 年启动的全校人事制度改革和 2018 年启动的全校职工队伍人事制度改革提供了重要的经验和参考。

## （四）制度建设，成就学术共同体文化

为确保人事制度改革的顺利推进，生命学院加强制度建设，成立各类组织机构（包括人才引进委员会、长聘教授委员会、本科生工作委员会、研究生工作委员会、博士后工作委员会等），明确权利义务，将改革的核心思想和相关细节落实到位，逐渐形成了"自主、开放、公正、有序"的学术共同体文化。制度设计上，清晰界定了职务聘任中学术评价与行政聘任的衔接与制约，充分发挥了学术管理与行政管理相结合的作用。制度建设与学术共同体文化建设之间的良性互动，对人事制度改革的顺利实施起到了显著的促进作用。

（执笔人：师亚敏、潘勋、吴畏）

# 坚持"又红又专"
# 加强对优秀人才的政治引领和政治吸纳

——建设青年教师骨干领航工作站的探索与实践

## 一、背景情况

认真做好对青年教师的政治引领和政治吸纳，源源不断把更多优秀的学术骨干和青年教师吸收到党内来，是建设高素质教师队伍、落实立德树人根本任务、保持党员队伍先进性的内在要求。学校历届党委都将建设一支"又红又专"的教师队伍作为学校党建和人才队伍建设的一项中心工作。新中国成立初期，蒋南翔同志就提出"两种人会师""共产党是先进科学家的光荣归宿"等重要主张，刘仙洲、张光斗、张维、吴良镛等一大批知名教授光荣入党。在改革开放时期，钱宁、王补宣、饶子和等知名专家学者光荣入党，在学校和社会上产生了非常大的反响。

进入新时期，党情、国情、校情都发生了深刻变化，教师来源结构日趋多样，海外引进人才比例增加，教师群体面临的竞争和发展压力、思想的多样性和差异性都明显增强。有海外博士学位的青年教师比例逐步增高，新入职教师的党员比例下降至50%，明显低于全校教师64%的党员比例。学校每年新发展的教师党员不足10人，新提交入党申请书的教师也很少。从全校总体上来看，教师党员发展的数量还不够多，覆盖面还不够广，欠缺学校层面的有效抓手和阵地，部分院系党委对教师入党工作缺乏应有的重视。

面对这一情况，学校党委继承和发扬"两种人会师"的优良传统、主动适应教师群体特点变化、与时俱进健全教师思想政治工作体系,2018年5月创建"青年教师骨干领航工作站"(以下简称领航工作站),坚持用理想信念凝聚优秀人才,为追求思想进步、积极向党组织靠拢的青年教师搭建了共同学习成长的平台,引导他们走"又红又专"的成才道路,做到思想和业务相促进、双成长,成为新时代做好青年教师政治引领的有效举措。

## 二、主 要 做 法

领航工作站的建设由组织部、宣传部、教师工作部、人事处、教师发展中心等部门共同负责。领航工作站成员由已递交入党申请书或有较强的入党意愿的青年教师组成。学校领导全员参与、直接关心青年教师成长,各级党组织充分发挥政治功能和组织优势,因势利导、因才施策,加强对青年教师的政治引领和发展支持。选拔领航工作站成员中新加入党组织、具有较为丰富管理经验的同志担任站长、副站长,负责领航工作站的日常运转。从学校基层党建经费中下拨专项工作经费,支持领航工作站的日常建设。

### (一)坚持三级联动,强化精准培养

对每一名工作站成员,分别配备学校、院系、支部三级联系人。确定一名校党委委员或党委职能部门负责人作为其校级联系人,每学期至少开展一次谈心谈话,鼓励他们坚定信念,参加他们的入党发展会和转正会,加强思想引导工作。截至2021年底,校领导已直接联系60余人。确定一名院系党委负责人作为其院系联系人,定期进行谈心交流,了解其思想状况,帮助其解决思想工作生活上的实际困难。所在院系党委和党支部共同商定,选派一位党员学科带头人作为其支部联系人兼"成长导师",在思想认识、学术创新、领导管理等方面引领成员全面发展。通过三级联系,拓宽了原有的支部联系人制度,有力加强了对青年教师的全面关心和支持。学校坚持每年对新入职教师进行入党意愿调研,将有

入党意愿的教师及时吸收到领航工作站中,做到早发现、早关心、早培养。建立"一人一策",对领航工作站成员的培养和发展全过程跟踪,与成员所在院系保持密切联系,督促院系有针对性地制定培养措施。

### (二)坚持政治引领,强化发展支持

扎实开展理论学习,定期为领航工作站成员推荐理论素养、时事政策等方面的讲座,为大家提供相关书籍和学习材料。校领导每年带队到红色教育基地、改革开放前沿开展实践调研,先后前往福建厦门、四川成都、广东深圳、陕西西安、贵州遵义、雄安新区等地,帮助青年教师增强对党情国情社情的了解,教育引导他们不断提高思想政治觉悟。聚焦青年教师发展需求,每月开展一场主题交流活动:邀请校领导作专题报告并开展座谈交流,引导大家增强立德树人、潜心学术的责任感使命感;邀请相关领域成就突出的教师交流传授包括教育教学、人才培养、科研方法等内容;组织成员参观中国共产党历史展览馆、冬奥会场馆、院系教学科研平台等。邀请成员参加习近平总书记考察清华时师生代表座谈会、庆祝清华大学建校110周年大会等学校重大活动,了解学校在深化改革、学科发展、党的建设等方面的决策部署。通过这些常态化举措,助力青年教师全面成长,使其更加坚定向党组织靠拢的决心。

### (三)坚持示范带动,强化氛围营造

学校党委注重发挥新加入党组织的青年教师党员的模范带头作用。2017年6月入党的结构生物学家王新泉担任领航工作站站长,以自身入党发展经历引领更多学术骨干和青年教师积极向党组织靠拢。2020年新冠肺炎疫情暴发后,环境学院张大奕副研究员自告奋勇到武汉前线采集和研究环境样品,医学院史宣玲副研究员争分夺秒开展疫苗研究,这两名青年教师在抗击疫情一线光荣入党,展现了"关键时刻冲得上去,危难关头豁得出来"的责任与担当。物理系"叶企孙物理奖"获得者、量子反常霍尔效应团队的骨干何珂教授,地学系"戈登·贝尔奖"获得者、

"神威·太湖之光"超级计算机的负责人付昊桓教授等一批学术骨干先后光荣入党,有效彰显了党在先进知识分子中的吸引力。领航工作站通过新闻网、报纸、微信公众号等全媒体宣传各项交流活动、成员入党发展会、成员教学科研成果等,营造学校关心人才、引领思想的良好氛围。2018年6月,《光明日报》在头版头条以"'最强大脑'入党记"为题对学校坚持做好在青年教师中发展党员工作进行了报道。2021年6月,《中国组织人事报》以"戴上党徽,写下最长情的告白"为题,对学校新入党中青年专家人才群体进行头版头条报道。在这样浓厚的氛围里,不仅是新入职的青年教师,很多入职多年的骨干教师也积极向党组织靠拢,形成了示范聚集效应。

经过三年的建设发展,目前领航工作站共有进站青年教师156人、覆盖全校40个单位,三年来共新发展入党79人,其中高层次人才30人。2021年,学校加大在高层次人才中发展党员工作力度,共发展38名骨干教师。近年来,全校新提交入党申请书的教师人数也有显著增长。一批又一批优秀的教师骨干加入到党的组织,进一步加强了党员队伍的先进性和纯洁性。领航工作站已逐渐成为青年教师政治引领的重要阵地,源源不断把优秀青年教师吸收到党内来。领航工作站已入党的教师充分发挥教师党员双重身份作用,以"四有"好老师标准严格要求自己,自觉做"大先生",努力做学生为学、为事、为人的示范,有效促进了立德树人根本任务的落实,在一流大学建设中充分发挥了先锋模范作用。领航工作站成员在追求入党的过程中,加强政治锻炼,提高党性修养,逐渐成为习近平新时代中国特色社会主义思想的坚定信仰者和忠实实践者,也成为学校优秀年轻干部的重要来源。近年来,入党的青年教师中已有5人走上院系领导岗位,在学校党员队伍建设和干部队伍建设中都发挥了很好的示范作用。领航工作站的建设成果获得2018—2020年北京高校党的建设和思想政治工作优秀成果一等奖。

# 三、经验启示

## （一）必须坚持政治引领，强化理论武装

建设一支"又红又专"的教师队伍是落实立德树人根本任务、保证正确办学方向的基础和保障。学校党委始终高度重视这项工作，坚持用习近平新时代中国特色社会主义思想武装教师头脑，以科学理论竖起理想灯塔、启迪人生追求。坚持把解决思想问题与工作问题、生活问题结合起来，把政治引领贯穿于青年教师的引进、培养、管理、聘任、考核的全过程，全面促进青年教师的成长和发展。积极引导青年教师不断提高政治水平和业务水平，做到又红又专，在师生中发挥先锋模范作用。

## （二）必须坚持主动作为，创新工作载体

新时代做好青年教师党员发展对于学校坚持党的全面领导、提高党的凝聚力影响力战斗力具有重要意义，必须放在事关学校发展全局的战略高度上来抓，要因时而进、因事而新。做好教师党员发展工作，不能坐等上门，不能忽冷忽热，不能有畏难情绪，必须主动作为、多措并举、因势利导、抓实抓常。学校党委通过领航工作站这个创新载体，建立起与青年教师直接沟通交流的平台，找到一个有力的工作抓手和切入点，不断提升开展思想政治工作的能力和水平，通过上下协同联动确保工作取得实效。

## （三）必须加强组织协同，形成工作合力

领航工作站建立了学校、院系、支部三级联动的工作体系，形成了学校党委统一领导，组织部门牵头抓总，人事部门、宣传部门协同配合，基层党组织推动落实的工作格局。学校党委将做好在青年教师中发展党员工作纳入各院系党委书记述职考核评议、教师党支部评议的重点内

容,加强对院系的精细化指导。学校从主要领导到基层党支部负责人,都充分认识到青年教师党员发展的重要性,自觉把责任放在心上、扛在肩上,不断提升开展思想政治工作的能力,把青年教师动员起来、凝聚起来,团结在党组织的周围,为学校迈向世界一流大学前列提供坚强的组织保证。

(执笔人:梁静)

# 科研创新篇

# 立足国家需求 面向国际前沿 建设世界一流学科

——计算机科学与技术学科的发展与实践

## 一、背 景 情 况

计算机科学与技术学科(以下简称"计算机学科")是当今最活跃、发展最迅速、影响最广泛的知识领域,其技术和应用水平已经成为衡量一个国家综合竞争力的重要标志。1958年,为响应国家核工业和航天工业发展需要,清华大学计算机系的前身自动控制系应运而生。60多年来,清华计算机学科坚持以立德树人为根本,以中国特色、世界一流为目标,以支撑创新驱动发展战略、服务经济社会发展为导向,在人才培养、师资队伍、科学研究、国际影响等方面取得了若干具有里程碑意义的成绩。在教育部第四次学科评估中,计算机科学与技术获A+,入选首轮"双一流"学科;近年连续在QS、美国新闻与世界(US News)、英国泰晤士高等教育(THE)、上海软科(ARWU)、全球计算机专业排名(CS Rankings)等全球高等学校计算机学科排行榜中名列前茅。

2017年,由包括五位图灵奖获得者在内的20余位国内外专家组成的清华大学计算机学科顾问委员会指出:"清华大学计算机学科取得了长足的进步,已成长为中国大学计算机学科建设的引领者和一所位居世界前列的计算机研究与教学机构。"2018年顾问委员会进一步指出:"清华大学在计算机学科建设方面取得了令人瞩目的进步。计算机学科领域的师生已经具备了完成顶尖水平研究工作、取得全球领先研究成果的能力。"2019年,以赵沁平院士为组长的清华大学计算机学科群"双一流"建设中期评估专家组一致认为:清华大学计算机学科经过近四年建设,在人才培养、科学研究、社会服务、文化传承、师资队伍和国际交流等方面,取得了一系列高水平成果和重要进展,计算机学科建设符合"双一流"建设方案,达成了学科建设目标。2020年教育部基于监测指标数据给出首轮学科建设成效评价:"清华大学计算机学科在全部监测指标获评第一档:建设成效显著。"

# 二、主要做法

## (一)深化教育教学改革,着力培养拔尖创新人才

重构本科生课程体系。针对本科生系统课组核心课程,重新梳理和构建了课程教学内容,实现了学生能够基于一个指令集系统自主设计一台功能计算机、一个操作系统核心、一个编译系统的教学目标,成为国内首个实现本科生课程实验设计完整计算机系统的高校。

建设"先进计算"全英文硕士和博士项目。开设了16门全英文课程,目前为止培养了来自40多个国家的近200名学生。开展实施清华—卡耐基梅隆(THU-CMU)双硕士学位项目、清华—南加州(THU-USC)双硕士学位项目、中德博士生培养项目、清华—新加坡国立大学博士生等联合培养项目,完善全过程、多维度的国际化培养机制。

坚持思想引领与因材施教并举。针对代表性学生群体的全面素质提升和个性化发展的需求,确立了"以立德树人为牵引,以因材施教为手段"的"五星计划"育人方案,即面向"双肩挑"辅导员与德育工作助理培养的"红星计划"、面向研究生学术能力提升的"繁星计划"、面向本科生学术创新能力培养的"新星计划"、面向信息学竞赛选手全面素质提升的"铸星计划"、面向学科科技竞赛能力提升的"超星计划"。"五星计划"的实施,显著提升了教师在教书育人上的成就感和学生在能力提升上的获得感。

近年来,计算机本科生超算团队先后11次获得世界大学生超算大赛冠军,并于2018年获得三大超算比赛"大满贯"。"先进计算"全英文研究生项目被《福布斯》杂志列入2021年国际十大最佳人工智能与数据科学硕士课程。

### (二)集中优势资源,推动重要领域关键核心技术攻关

坚持使命驱动,主动服务国家战略需求,参与或主持建设了"北京信息科学与技术国家研究中心"等一批国家级科研机构和基础设施,承担了一批国家重大研究项目,取得了若干有国内外有影响力的科研成果。

凝练高性能计算机系统、安全可信的下一代互联网、人工智能理论及其重大应用等重大项目研究方向,集中全系力量取得了重要研究进展。依托国产十亿亿次超级计算机,两次获国际高性能计算应用领域最高奖"ACM 戈登·贝尔"奖。针对互联网体系结构源地址缺乏可信保障及其引发的相关安全技术难题,提出了下一代互联网真实源地址验证体系结构(SAVA),实现了产业化和规模化应用,达到国际领先水平。建立第三代"安全、鲁棒、可理解"的人工智能理论框架,获得国家自然科学二等奖(2018)、国家科技进步二等奖(2018)。

### (三)对标国际一流,建设高素质教师队伍

在保持已有优势的基础上,面向未来学科发展积极筹划量子计算、类脑计算等新兴研究方向,从海内外吸引优秀人才加入教师队伍。鼓励教师积极承担面向国家需求的重大科研项目,专注于有原创性的研究。

坚持培养和引进相结合。近年来,在积极引进王小云院士、朱文武教授等团队的同时,着力加强对本校青年教师的培养。在计算机系19位受到国家"四青"人才项目支持的青年教师中有近90%是在清华大学获得的博士学位。

加强对教师的政治引领。通过重要社会服务岗位锻炼青年教师,使他们在服务学科建设大局的过程中收获自身成长。让优秀党员成为业

务骨干,让业务骨干成为优秀党员,注重发挥关键带头人的思想引领作用、关键岗位锻炼的榜样引领作用、关键评价环节的制度引领作用。

# 三、经验启示

## (一)坚持党的全面领导,发挥党委把方向、谋大局、定政策、促改革的政治作用

计算机系党委强化党组织的政治核心作用,全面推进党建工作标杆院系建设,为建设世界一流计算机学科提供坚强政治保证和组织支撑。坚持党管政治方向,深入推进学习型党组织建设,形成"理论中心组—教工党支部—全体师生"三级联动机制。坚持党管人才,系党委牵头组织多次学科建设和人才队伍建设专题研讨,推动形成了"立足清华本土人才培养、树立学科队伍大局意识、发挥关键岗位锻炼作用"的人才队伍建设共识。坚持党管改革发展,组织召开全球学科发展论坛,共同研讨计算机学科建设、科学创新、人才培养等学科发展重大问题。

## (二)对标国际顶尖和国家战略需求,主动作为进行顶层规划

计算机系瞄准新形势下国家对计算机学科发展的战略需求,紧扣国际计算机学科发展前沿和重要趋势,在教学方面着眼世界一流,坚持中国特色,优化拔尖人才培养体系;在队伍建设方面坚持引进和培养并重,构建具有世界一流前列水平的教师队伍;在科研方面顶天立地、凝练亮点,面向创新引领和国家急需开展重大科研工作。

## (三)坚持均衡发展与重点突破并重,集中力量推动关键核心技术攻关

计算机系积极组织完善计算机学科布局,面向量子计算、类脑计算

等新兴方向引进人才,补足学科短板;注重凝练形成三个重大项目研究方向,集中优势力量推动关键核心技术攻关;坚持建设清华大学计算机学科顾问委员会,召开全球学科发展论坛,有力提升了清华计算机学科的国际影响力。

(执笔人:贾珈)

# 立足前沿 服务国家
# 构建文科发展新格局

——文科建设"双高"计划的实践与探索

## 一、背 景 情 况

习近平总书记在哲学社会科学工作座谈会上指出,"一个国家的发展水平,既取决于自然科学发展水平,也取决于哲学社会科学发展水平。一个没有发达的自然科学的国家不可能走在世界前列,一个没有繁荣的哲学社会科学的国家也不可能走在世界前列。"习近平总书记的重要讲话为加快构建中国特色哲学社会科学指明了前进方向,提供了根本遵循。国家快速崛起和民族伟大复兴提出了一系列重大理论和思想命题,为清华文科发展带来前所未有的历史机遇。党中央国务院关于加快构建中国特色哲学社会科学、统筹推进世界一流大学和一流学科建设等重大战略部署,也给清华文科建设发展提出了明确的目标要求。

清华文科建设经历了恢复建设期、加快建设期、全面建设期。每一个阶段都与国家的发展、时代的进步及学校的整体战略紧密相连。一流的文科建设是清华一流大学建设的重要内容。2017年,围绕"更创新、更国际、更人文"发展思路,为打造"高原更高,高峰更多"(以下简称"双高")的清华文科新格局,学校制定了《关于加快哲学社会科学繁荣发展推进文科建设"双高"计划的实施意见》,充分把握文科建设与发展需求,优化配置学科发展的各类资源。"双高"计划以"整体提升、重点突破、加强基础、做优智库"为基本原则,补齐短板,着力加强基础学科的建设,提升文科整体水平,继续强化支持有突出优势和发展潜力的学科"高峰",打造更多具有引领地位的优势学科。

## 二、主 要 做 法

### (一)瞄准新兴前沿领域,推进文理工交叉

充分把握新兴领域快速发展的历史机遇,推进"计算+"交叉学科建设。引领国内计算社会科学学科发展,承担多项国家社科基金重大项目,形成一批高质量学术成果,发表多篇学科引领性高水平学术论文,在多个领域形成品牌优势和成熟团队。建设"计算社会科学数据平台",成为国内首家计算社会科学领域的创新研究平台。倡导成立中国计算社会科学联盟,形成了"全国计算社会科学高端论坛""清华大学计算社会科学工作坊""大数据社会科学讲习班""社会计算国际会议"等品牌学术项目,获得国内外学术界普遍认可。向中央和地方政府提交多份决策咨询报告并获得领导批示和采用。创办《计算社会科学评论》(*Journal of Social Computing*)入选 EI。加快推进计算法学,形成了科学研究、人才培养和社会服务为一体的学科体系。初步建成清华大学法学院法治科技创新实验室,完成中宣部、中央网信办等委托课题任务,持续开展国家重点研发、国家社科基金重大项目研究。开展计算法学全日制法律硕士培养工作。推动数字人文,建设"清华大学数字人文智慧平台",上线运行首家数字人文门户网站,搭建中文类数字人文研究的主要资讯平台,创办中国大陆正式出版的第一本数字人文学术期刊《数字人文》。

推动文科实验室建设,建设公共基础数据平台。加强基础数据、文献资料等学术资源的收集整理与开发利用,统筹全校文科资源。计算社会科学与国家治理实验室入选全国首批哲学社会科学实验室,推动了文理工学科数据资源共建共享、互联互通,构建起全校性公共数据平台。中国经济社会数据研究中心初步建立了中国海关进出口数据库,微观数据开

发应用取得新成果,平台开放程度进一步扩大;发布《清华大学中国平衡发展指数报告(2021)》,对于推动国家高质量发展具有理论价值和现实意义。马克思恩格斯文献研究中心首次公布《德意志意识形态》德文在线版,建成"服部文库"和"清华大学马克思恩格斯文献研究中心"两大文献库。

### (二)动态调整学科建设重点,服务国家重大战略需求

设立"国家重大需求专项",支持聚焦事关社会主义现代化建设全局的中长期重大战略问题,开展前瞻性、针对性、储备性研究,提出专业化、建设性、切实管用的思路和举措,为党和政府决策提供科学依据和重要支撑。法学院、公管学院团队参与《"十四五"数字经济发展规划》《中华人民共和国地方组织法》等中央文件、法律的制定或修订工作,社科学院团队相关政策建议获中央领导批示。美术学院团队参与《中国出了个毛泽东》等重大展览展示设计项目,作品《花滑光影秀》呈现于北京冬奥花滑赛场。应急管理研究基地首席专家薛澜教授在中央政治局第十九次集体学习时讲解应急管理体系和能力现代化建设。学校关于生物安全治理、社会风险、疫情防控等多个研究报告获中央和北京市领导同志批示,多篇建议被采纳。

设立学科重大基础理论专项、前沿交叉学科培育专项、中国实践理论阐释专项,围绕数字经济与数字治理、国际传播战略体系、共同富裕、平台经济发展、乡村建设、老龄社会等开展研究。重点支持中国特色管理学、中国经济实践与经济思想、中国特色社会主义法学、中国特色新闻学等8个创新方向建设。中国经济实践与经济思想要报获中央领导同志重要批示,合作举办中日政治经济学国际论坛、后凯恩斯经济学国际研讨会,在日本规模最大的政治经济学学会——日本经济理论学会开设中国政治经济学专场(分论坛),扩大清华大学政治经济学在日本的影响力。

### (三)充分发挥重点研究基地作用,打造"思想库""信息库"和"人才库"

高校思想政治理论课思想道德修养与法律基础国家教材建设重点

研究基地于2019年获首批国家教材建设重点研究基地认定,连续举办11届"全国思想政治教育高端论坛",已经成为全国思想政治教育领域具有影响力、凝聚力、号召力的品牌性学术平台。高校德育研究中心连续举办6届社会主义核心价值观峰会,已经形成社会主义核心价值观研究领域高水平盛会品牌。分别连续8年和7年牵头出版《高校马克思主义理论学科年度发展报告》《北京高校马克思主义理论学科和思想政治理论课建设年度发展报告》。

技术创新研究中心编写《格力自主创新掌握核心技术之旅》案例入选第十届"全国百篇优秀管理案例",编制发布国内首份创新人才量化研究成果报告《中国创新人才指数2021》,主办创新与知识管理国际会议、世界一流企业研发与创新管理论坛等会议,在《管理蓝皮书·中国管理发展报告(2019)》中获"中国管理年度价值组织"奖,多次入选中国智库索引。出土文献与中国古代文明研究中心持续推动清华简研究与保护工作,整理发布《清华大学藏战国竹简》11辑。2014年,在清华简中发现《算表》,是现存世界上最早的十进制数学算具,比欧洲同类文献早1800年。承办甲骨文发现和研究一百二十周年纪念座谈会,牵头实施国家"古文字与中华文明传承发展工程",传承弘扬中华优秀传统文化。传统工艺与材料研究文化和旅游部重点实验室举办3届荆楚问漆国际学术研讨会和清华大学年画日新创作营及成果展,推动传统工艺传承发展。

# 三、经验启示

## (一)坚持和加强党对哲学社会科学工作的领导

巩固马克思主义指导地位,坚持社会主义办学方向,坚守立德树人根本任务,始终把党的领导贯穿学校文科建设全过程,严格落实意识形态责任制,为实现清华文科高质量发展提供根本保证。

## （二）立足时代前沿和中国实践推进文科建设

注重文科工作的自身规律和鲜明特点，尊重发展阶段不同、学科特点不同而形成的发展方式和内在要求的差异。处理好基础学科与应用学科、传统学科与新兴学科间的关系，处理好增量与存量的关系，促进学科间的交叉融合。瞄准国家重大需求、人类共同挑战和学科基础问题，推动文化传承创新，推出高水平哲学社会科学成果，为国家发展贡献清华思想，为人类进步贡献中国智慧。

## （三）完善学术治理机制，营造良好学术生态

发挥学校、院系和各方面积极性，加强顶层设计、系统谋划、分类建设、整体推进，进一步完善学术评价体系，优化文科学术生态，构建有利于文科高质量发展的体制机制。通过高水平研究基地建设凝聚志同道合者，开展有组织科研、塑造学术品牌，形成建设一流文科的强大合力。

（执笔人：刘晗、刘畅、贾祎灿）

# 整理研究珍贵出土文献
# 传承弘扬中华优秀传统文化

——清华藏战国竹简的研究与阐释

## 一、背景情况

清华大学于2008年入藏的一批战国竹简(通称"清华简")是近年来中国新发现的最重要的战国写本之一,涉及中国传统文化的核心内容,具有重大历史价值和文物价值。为了对清华简进行保护、整理与研究并开展其他出土文献与中国古代文明研究,学校成立了出土文献研究与保护中心。2018年,学校加强出土文献中心的实体化建设,以建成世界一流文科研究中心为目标,充分发挥清华大学多学科优势,带动和促进出土文献与语言学、历史学、文学、哲学、艺术学等学科的交叉融合,努力为我国出土文献研究与人才培养作出新的更大贡献。

目前,清华简整理研究报告已出版11部。2015年,《清华大学藏战国竹简(壹—肆)》荣获教育部第七届高等学校科学研究优秀成果奖(人文社会科学)一等奖。2019年,《清华大学藏战国竹简(壹—柒)》荣获第五届郭沫若中国历史学奖一等奖。

## 二、主 要 做 法

### (一)由一流专家领衔,加强协同创新

为了更好地完成清华简等新出土文献资料的整理研究工作,学校组

建了由著名历史学家李学勤教授领军的整理研究团队,从清华简入藏之日起该团队就全身心投入到这批珍稀历史文物的保护与研究中。文物是不可再生的珍贵资源,特别是早期的饱水竹简由于长期沉睡地下,在一般环境下极易损坏。清华高度重视对文物的保护传承,专门研究制定了竹简整理保护的技术方法,高标准建成竹简库房与文物保护实验室,并取得了两项国家技术专利。

在成立出土文献研究与保护中心的基础上,清华大学牵头联合复旦大学等11家高校与科研单位于2012年5月成立出土文献与中国古代文明研究协同创新中心,面向各单位开放,不限定范围、不固化单位,广泛吸收各家所长,形成多元、开放、动态的组织运行模式,产出了一批高质量的科研成果,持续在全国出土文献与古文字研究领域发挥引领协调作用。清华大学作为牵头单位圆满完成国家"2011计划""出土文献与中国古代文明研究协同创新中心"等建设任务。

## (二)以重大任务引领,注重培养青年后备人才

出土文献的研究与保护不是一门纯粹的人文学科,还涉及文物保护、化学检测、信息技术、工艺美术等多学科的交叉运用,需要进行长时间的综合性训练。清华简的整理与研究是一项长期工程,从工作一开始出土文献中心便着力培养具备卓越创新能力的后备人才。

为了优化人才队伍的年龄结构,避免学科人才梯队出现断档,通过以老带新、边工作边学习的方式,中心培养出多名在学科领域有一定影响力的骨干人才和优秀青年人才,团队也逐渐呈现出老中青相结合的年龄结构。目前,学校出土文献中心有多名教师分别任国务院学位委员会学科评议组成员、教育部社会科学委员会委员、教育部甲骨文等古文字专项研究专家委员会委员、教育部"长江学者"特聘教授等,40岁以下的教师有7人,全部为副教授。

### （三）"让文物说话"，积极参与以史资政与文化普及

在研究文物、保护文物的同时，研究团队还积极推动"让文物说话"，起到以史鉴今、以史咨政作用。在清华简的整理与研究的过程中，清华主动挖掘其中的治国理念，并通过多种形式呈报决策部门参考。2018年以来，学校形成《清华简中新整理出一批治国理政的失传文献》《清华简中新整理出一篇失传的先秦重要法律文献》《清华简关于"历史周期律"的论述及其应对之策》等咨询报告，对清华简中治国理政理念的当代价值进行了深入阐释，具有较为突出的理论价值和现实意义。

研究团队还致力于古文字资料价值挖掘与汉字文化的传播，注重以大众喜闻乐见的形式介绍出土文献研究成果与传统文化，多次在报刊及电视节目中宣传清华简的价值。团队教师应邀在中央广播电视台等媒体平台向公众讲授"甲骨文的前世今生""说文解字"等课程，并积极接受访谈、开设专题讲座、撰写普及读物等，产生了广泛的社会影响。2013年，清华与美国古代中国学会联合举办了专题国际学术研讨会，清华简的相关成果在联合国总部进行了展出，这是中国首次在海外举办古文献学领域的展览，取得了良好的国际影响。

## 三、经 验 启 示

### （一）以清华简研究为基础，"以点带面"加强出土文献学科建设

学校以清华简研究为基础，积极协同兄弟单位大力推动出土文献学科建设，力求突破现行学科体系的局限，对出土文献学科内涵、特点、构成要素以及人才培养、队伍建设和发展方向等问题，开展了多方面的探索和实践，积累了一定的经验，对学科发展产生了积极影响。

甲骨文研究是老清华王国维、陈梦家等学者开辟的重要领域，但解

放以后在清华长期属于学科空白。学校利用清华简在古文字学界的号召力,引进组建了具备国际竞争力的甲骨文研究团队,让这门学科在清华焕发出新的生机活力。清华出土文献与古文字研究学科以"上探甲骨金文、下及秦汉简帛"为建设目标,通过与文物考古部门和兄弟单位合作,补强秦汉简帛研究方向,快速提升在秦汉简研究领域的影响力,实现了对出土文献研究领域的全覆盖。

学校创办的《出土文献》学术辑刊,在2019年经国家新闻出版广电总局批准成功转为期刊,于2020年起出版发行。该刊作为出土文献领域唯一的学术期刊,成为学术交流的重要平台,进一步提升了学科的学术影响力。

在抓好出土文献与古文字研究生培养的同时,清华还着眼为该学科培养优秀后备拔尖人才,在强基计划中设置古文字学专业方向,制定培养方案,并面向全校开设多门人文素质类课程,用实际行动传承弘扬古文字与中华优秀传统文化。

## (二)创造性转化基础研究成果,推进中华优秀传统文化的传承传播

在中华文化"走出去"的过程中,充分利用出土文献提供的新认识,将有助于深化对中华文化深刻内涵和独特价值的理解,激活中华优秀传统文化的生命力。然而,由于出土文献研究门槛高、难度大,相关成果传播与推广较其他传统文化形式而言更为困难。

为了实现清华简研究成果的创造性转化,满足不同专业学科和广大文史爱好者的需求,学校在清华简文本再整理与内涵探究的基础上,进一步开展清华简研究成果的普及与对外传播。18卷本的《清华大学藏战国竹简校释》收入了简文的白话翻译,供非专业学者以及大众阅读参考。在对外传播方面,学校已组织起一批长期关注清华简研究、以英语为母语的汉学家在中文版校释的基础上同时进行英译,并将出版18卷英译本与《清华大学藏战国竹简校释》配合使用。这一整理翻译过程,不

仅产出了符合各个层次读者需求的学术成果,也提升了团队成员的教学科研水平。

### (三) 主动承担国家重大任务,自觉服务文化强国建设

习近平总书记在致甲骨文发现和研究120周年的贺信中指出,殷墟甲骨文的重大发现在中华文明乃至人类文明发展史上具有划时代的意义,并要求广大研究人员坚定文化自信,深入研究甲骨文的历史思想和文化价值,促进文明交流互鉴。

为贯彻落实习近平总书记贺信精神和国家《关于实施中华优秀传统文化传承发展工程的意见》,积极服务国家战略需求,清华依托自身出土文献学科优势,主动向有关部门提交了《关于启动实施"古文字与中华文明传承发展工程"项目建议书》,建议在甲骨文等古文字研究的已有成就基础上,适时启动实施"古文字与中华文明传承发展工程",建立有效合作机制,努力加强后备人才培养,为促进社会主义先进文化建设、传承发展中华文明、坚定文化自信作出贡献。2021年,受中宣部、教育部、国家语委等部委委托,清华牵头组建全国性协同创新平台,承担国家重大文化工程——"古文字与中华文明传承发展工程"的组织实施任务。

(执笔人:黄德宽、刘国忠、程浩)

# 坚持自主创新
# 推动我国高温气冷堆技术实现领跑

——世界首座球床模块式高温气冷堆示范电站建设的探索实践

## 一、背景情况

高温气冷堆属于热中子裂变反应堆,用氦气作冷却剂,用石墨作慢化剂,采用包覆颗粒球形燃料以及全陶瓷的堆芯结构材料,是第四代先进核能系统优先考虑的堆型之一。高温气冷堆的主要技术优势有三个:一是固有安全,堆芯余热可以自然方式非能动地载出,即使发生 2011 年日本福岛那样的灾难,反应堆堆芯也不会熔毁,不会造成大规模放射性释放;二是温度高、用途多,不仅可用于高效发电,还能够提供高温工艺热,可用于炼油、炼钢、核能制氢等;三是模块化布置,功率规模灵活,可以根据用户需求,提供 10 万千瓦、20 万千瓦、60 万千瓦、百万千瓦等系列机组。

2021 年 9 月 12 日,世界首座球床模块式高温气冷堆核电站示范工程成功首次临界,12 月 20 日成功实现首次并网发电,标志着中国在高温气冷堆先进核电技术上实现了从跟跑、并跑到领跑的跨越式发展。核电厂规模相当于我国首座核电站——秦山核电站,发电功率为 20 万千瓦,年发电 14 亿度,可以为 200 万居民提供生活用电,减少 $CO_2$ 排放 90 万吨。

这座技术先进、应用前景广泛的核电站由清华大学核能与新能源技术研究院(简称"核研院")牵头研发和设计,凝聚了核研院几百人、数十年的心血,充分体现了他们矢志不渝追求的"实现反应堆固有安全"的学术理念。

## 二、主要做法

### （一）率先建设 10 兆瓦高温气冷实验堆，夯实技术基础

清华大学核研院从 20 世纪 80 年代在我国率先启动了高温气冷堆技术的研发工作。在国家"863 计划"的支持下，核研院开始 10 兆瓦模块式高温堆研发。从 1987 年到 1990 年底，球形燃料元件、球床流动特性、氦技术及氦设备等 8 项关键技术取得重要突破。1992 年，国务院批准立项，在清华核研院建设一座 10 兆瓦高温气冷实验堆。

10 兆瓦高温气冷实验堆于 1995 年 6 月动工兴建，2000 年 12 月建成并首次达到临界，2003 年 1 月完成满功率并网发电及系列运行试验和安全试验。2004 年，国际原子能机构组织来自 24 个国家的 60 余名专家亲眼见证了在高温气冷实验堆上进行的实堆安全特性实验，验证了模块式高温气冷堆的固有安全特性，在国际上获得了高度评价。因其突出的技术创新和成就，10 兆瓦高温气冷实验堆项目获 2006 年度国家科技进步奖一等奖。

10 兆瓦高温气冷实验堆是我国自行研发、自主设计、自主制造、自主建设、自主运行的世界上第一座具有非能动安全特性的模块式球床高温气冷堆，标志我国在高温气冷堆技术领域达到世界先进水平。

### （二）主动承担国家重大任务，勇于破解瓶颈难题

10 兆瓦高温气冷实验堆建成后，世界高温气冷堆领域最大的发展瓶颈，就是能够建设一个模块式高温气冷堆的工业示范电站。在这个瓶颈面前，欧洲、日本、美国等国家和地区都做过大量努力。在这条路上，欧洲花费了数百亿、一代人的心血，现在还在继续努力；日本建设了实验堆，设计了工业示范电站；美国在 2005 年国会通过的能源法案上，把这种反应堆称为下一代核电厂或者第四代核电厂，每年投入 12.5 亿美

元,要求 2021 年建成示范工程。

但这些国家和科研团队最后都止步于示范工程的开工建设。只有中国,持续而坚定的支持自主创新先进核能技术的产业发展。2006 年 1 月高温气冷堆核电站示范工程获批列入国家 16 个科技重大专项,即 06 专项"大型先进压水堆及高温气冷堆核电站"。2008 年总体实施方案得到国务院批准,清华大学成为唯一牵头重大专项的高校。

### (三)反复比较、充分论证,确定正确的技术路线

高温气冷堆示范工程以 10 兆瓦高温气冷实验堆为技术基础,但和 10 兆瓦高温气冷实验堆相比,堆功率放大 25 倍,设备尺寸放大,但又不仅仅是功率和尺寸的简单放大,更重要的是高温气冷堆示范工程以商业运行为目标,在设备及系统可靠性、可维修性和可运行性等方面提出更高的要求。

在专项筹划前期,高温气冷堆研发团队一直在探索技术方案,既要保持反应堆固有安全特性,又要保证在工程上能够实现,还要在经济上有前景。为此,高温气冷堆研发团队进行了大量论证,从反应堆堆芯结构、主要系统和设备的技术方案、发电方式等,都进行了比较优选。最终确定了采用蒸汽透平循环分步走的技术路线。随后,在 2006 年的标准设计研究中,研究了 3 种高温气冷堆核电站反应堆总体技术方案,并最终制定了单区球床堆芯、双模块反应堆连接 20 万千瓦级蒸汽透平、为未来多模块反应堆机组发展提供基础的总体技术方案。

与此同时,南非在德国和美国的支持下,也在开展建设第一个模块式高温气冷堆的工作,他们选择了另一条技术路线。由于该技术路线存在较大技术风险,最终成为导致南非高温气冷堆项目停滞的主要原因之一,也使其丧失了与我国技术比肩的可能。

事实证明,高温气冷堆研发团队选择的这一技术方案是正确的,这是高温气冷堆重大专项能够成功实施最重要的基础条件。这一方案也得到了国际同行的高度评价。

## (四)创新科研组织模式,打造一支敢啃硬骨头的科研创新大团队

为了适应承担重大项目的需求,核研院通过矩阵式管理,打造了一个敢打敢拼、作风硬朗的科研创新大团队。这个近200人的团队突破了传统的教授带学生的小团队科研组织模型,纵向保持原有以学科领域建立的研究室基础不变,以此为基础,横向根据承担大项目的需要,从各研究室抽调所需研究人员,形成项目研究团队。在管理上,大团队成员统一分配任务、统一进行考核。这种组织形式综合考虑了按学科与按研究任务的科研建制构成,为多学科交叉的大型复杂研究任务的完成提供了更大灵活性,实现了学科之间、项目之间的交叉融合。由于缺乏成熟的可借鉴经验,在技术攻关过程中遇到了许多困难,有很多都是此前没有预计到的。为了解决这些困难,在大团队中又会有组织的形成专项攻关小团队,针对具体问题进行全力攻关,涌现出一批敢承担、能负责的学术带头人和技术骨干。

在团队成员的共同努力下,高温气冷堆的核心技术逐个获得突破:具有完全自主知识产权的包覆颗粒球形燃料元件性能达到世界最好水平并成功实现产业化;世界首台大功率、核环境、电磁轴承主氦风机完成全部工程验证试验,解决了反应堆的"心脏"装备问题;自主设计研制的设备逐一安装就位;设备单体调试、系统调试逐一完成,为示范工程建设打下了坚实基础。

## (五)深化校企合作,推动政产学研协同创新

面对工业规模示范工程建设的需求,高温气冷堆团队没有闭门造车,而是不断探索与产业界的协同创新。在学校的支持下,团队联合华能集团、中核集团、上海电气集团、哈尔滨电气集团等国内核电和核装备龙头企业聚焦示范工程研发、建设、设备研制以及安装调试,坚持自主创新,构建了一条高温气冷堆产学研用深度融合的产业链,不仅在技术创

新和产业上取得新进展,更在合作模式上不断取得新突破。

在政产学研各方的共同支持和奋斗下,在早日建成世界首座高温气冷堆商业示范电站的目标指引下,示范工程逐一完成全部关键技术攻关、试验验证、工程设计、工程建造,实现首次临界。在这个过程中,全时投入的人员超过 1000 人,先后参与工程的人员数万人。核岛设备15000 多件,其中 2200 个世界首台套设备、660 个创新型设备。各种设计图纸约 5 万张,各种文件约 10 万页。每一个数字,都浸透了团队成员的辛勤付出和不懈努力。

# 三、经验启示

## (一)坚守初心使命,久久为功

从建院开始,核研院始终坚持建堆报国、建堆育人,坚持服务国家发展战略数十年不动摇。自 20 世纪 80 年代,核研院就把研发一种固有安全的先进核能系统作为实现初心使命的学术理想,在王大中、吴宗鑫、张作义三代学术带头人的领导下,一代接力一代,坚持自主创新,知难而进、众志成城,完成了关键技术攻关、实验堆建设、商业示范电站研发及建设,推动我国高温气冷堆技术实现从跟踪到引领的跨越。

## (二)做好顶层布局,紧抓关键环节

规划和布局贯穿于立项到完成的全过程。高温气冷堆在研发早期即瞄准了国家战略发展需求,制定了正确的技术发展方向,在实施过程中每一个关键环节,都审慎地选取了可行的技术路线。在推动专项实施的过程中,稳妥布局,以国家科技重大专项总体要求以及经国务院批准的总体实施方案为指挥棒,紧密围绕专项总体目标,对目标进行适当分解,在各个分目标的完成过程中,充分发挥了高校的科研创新能力、挖掘了参研企业的加工制造能力,强强联合,通过共建协议、成立实体等多种方式加强产学研协同创新主体的联结,构建了一条高温气冷堆技术推广的完整产业链,为高温堆技术发展及产业推广奠定了基础。

### (三)坚持集体攻关,发扬"众志成城"的团队精神

坚持在团队建设上加强党的领导,发挥中国特色社会主义集中力量办大事的制度优越性。坚持开放的方法,认真吸取学习各国核能发展的重要思想和历史经验。坚持跨学科集成、实践第一,锻造了一支能够承担从理论研究到原理工艺设备设计到重大工程技术攻关任务,理想坚定、充满活力、能打胜仗的创新团队,把论文写在祖国现代化实践的大地上。

(执笔人:齐炜炜)

# "这是从中国实验室做出的、具有诺贝尔奖级的物理学成果"

——从量子反常霍尔效应的实验发现看一流大学基础研究工作

## 一、背 景 情 况

1879年由美国物理学家埃德温·霍尔（Edwin H. Hall）首先发现的霍尔效应是自然界最基本的电磁现象之一，在半导体工业及各种传感器、探测器中有着广泛的应用。在霍尔效应发现一个世纪以后，物理学家在高载流子迁移率的半导体异质结构中观测到其量子化版本：整数量子霍尔效应和分数量子霍尔效应。这两种量子化的霍尔效应的发现使人们开始认识到拓扑概念在凝聚态物理中的重要性，为凝聚态物理开辟了一个新的方向，分别获得1982年和1998年的诺贝尔物理学奖。

量子霍尔效应只有在很强的外加磁场下才能实现，如果可以在没有外加磁场的情况下也能实现量子霍尔效应，将会对大大降低量子霍尔效应研究的门槛，为其在低能耗电子器件和拓扑量子计算中的应用带来希望。这种不需外加磁场的量子霍尔效应可以看作磁性材料中反常霍尔效应的量子化版本，因此也被称为量子反常霍尔效应。自1988年开始，很多理论物理学家为实现量子反常霍尔效应提出了多种理论模型和材料系统，然而这方面实验上的进展却非常缓慢。2005年后，一类新的拓扑材料——拓扑绝缘体的发现为量子反常霍尔效应的实现提供了新的契机。世界多个著名的研究组都在此方向努力，希望首先在实验上观测到量子反常霍尔效应。

## "这是从中国实验室做出的、具有诺贝尔奖级的物理学成果"

自 2009 年起,由中科院院士薛其坤教授带领的清华大学物理系的研究团队和中科院物理所的研究团队合作,以实现量子反常霍尔效应为目标对拓扑绝缘体和磁性掺杂拓扑绝缘体薄膜的分子束外延生长、电子结构和性质进行了系统的研究。团队利用分子束外延的方法生长了高质量的磁性掺杂拓扑绝缘体薄膜,将其制备成输运器件并在极低温环境下对其磁电阻和反常霍尔效应进行了精密测量。他们生长测量了超过 1000 个样品,一步步克服了重重障碍,他们发现在钛酸锶表面外延生长的 Cr 掺杂 $(Bi,Sb)_2Te_3$ 薄膜中可以实现具有长程铁磁序的铁磁绝缘体相,并可以实现对其化学势的精密调控。这为量子反常霍尔效应的实现提供了一个理想的材料系统。在此基础上他们对此种薄膜的层厚、成分、覆盖层、衬底表面等参数进行了详细的优化,2012 年底在世界上首次实验实现了量子反常霍尔效应。

该成果发表后引起国际学术界的巨大反响,被杨振宁先生誉为"从中国实验室做出的、具有诺贝尔奖级的物理学成果"。在论文发表近一年后,日本和美国的竞争者相继在相同的材料系统中重复出此项结果。由于此结果,研究团队代表薛其坤院士在第 156 届诺贝尔论坛(Nobel Symposium)、第 18 届国际分子束外延国际会议和第 32 届国际半导体会议均受邀做大会特邀报告。2016 年诺贝尔物理学奖授予了三位在拓扑相变和拓扑物质领域作出开创性贡献的理论物理学家。在诺贝尔评奖委员会对此次获奖的官方介绍中将量子反常霍尔效应作为拓扑物质方面最重要的实验之一进行了引用。获奖者霍尔丹教授(F. D. M. Haldane)在其获奖演说中将其对量子反常霍尔效应的理论预言作为其代表性工作加以介绍,并指出:"这最终导致了北京清华大学的薛其坤研究组报道的在磁性掺杂的时间反演不变拓扑绝缘体薄膜中量子反常霍尔效应的实验实现。"这些充分体现了该工作的重要意义。

由于所取得的这些重大的科学突破,薛其坤团队获得了 2018 年度国家自然科学一等奖、2017 年度教育部自然科学特等奖等科技奖励。薛其坤获得了 2020 年度菲列兹·伦敦奖、复旦中植科学奖、2016 年度首届未来科技大奖物质科学奖、2014年度何梁何利基金科学与技术成就奖、2014年度求是杰出科学家奖等荣誉或奖励。

# 二、主要做法

## （一）始终聚焦目标发力，在解决"真问题"过程中实现突破

量子反常霍尔效应可否在实验上实现是凝聚态物理二十年未能解决的难题，也是拓扑量子物态走向实际器件应用的突破口，具有重大的意义。因此在理论学家提出在磁性拓扑绝缘体中有可能实现量子反常霍尔效应后，国际上很多相关团队都开始进行此方面的工作。但这些团队大都以量子反常霍尔效应的实验实现作为远期目标，进行较为发散的探索。

量子反常霍尔效应的首次实验发现最终由清华大学—中科院物理所的联合研究团队完成，首先是因为该团队在大约3年的时间中始终将此发现作为研究工作的首要目标进行攻关。薛其坤院士和清华大学、中科院物理所的研究人员经过深入探讨和分析，认为在实验上尽管难度仍然很大，但是具有成功的可能性。因此他们以此为目标，建立了由清华大学、中科院物理所各种专长研究人员组成的研究团队，制定出研究路线图和方案，进行集中攻关。他们进行的每一步实验是为了最终目标实现而必须解决的"真问题"，而不是只为了发表所谓"高影响期刊"而解决的"假问题"。因此一步一步地逼近目标，最终首次实现了量子反常霍尔效应。

## （二）采取多个团队协同作战的方式，开展有组织的科研攻关

量子反常霍尔效应的实验发现是清华大学和中科院物理所的几个具有不同专长的研究团队以紧密合作的方式所完成的。在磁性拓扑绝

缘体中实现量子反常霍尔效应的研究路线图和方案都较为清晰,因此可以根据研究计划组织研究团队。在此项目团队中包括了以材料的原子级精度制备和表征为专长的薛其坤、马旭村、何珂等人的研究组与以物性测量为专长的王亚愚、吕力等人的研究组,以及理论和计算方面张首晟、方忠、戴希等专家。

更重要的是,这种团队合作并非以往基础研究常见的"弱合作",而是采取"强合作"的方式。在"弱合作"中,研究组之间各有研究兴趣,通过相互之间提供样品或测量手段的"互助"方式进行合作,持续时间较短,合作也不深入。而在量子反常霍尔效应的研究中,各组均以实验实现量子反常霍尔效应为首要目标,研究骨干就像在一个研究组一样进行工作和交流。后来通过和日本、美国的竞争团队的交流可以看出,这种"强合作"的方式是该团队最终可以首次实现量子反常霍尔效应的关键。这种高效的"强合作"研究团队之所以能够形成,一方面是由于薛其坤院士这样具有很强组织能力的战略科学家的组织和协调;另一方面是因为各研究组之间具有共同的学术目标和兴趣,愿意"自组织"成为研究团队。

### (三)坚持自己的独立判断,追求原创性和引领性

实现量子反常霍尔效应的磁性拓扑绝缘体材料体系是由清华大学—中科院物理所的研究团队基于自己的前期工作积累和对相关问题的独特理解独立发展出来的。在研究过程中,他们发现日本、美国、德国的几个国际顶尖研究团队采用的是与他们不同的材料体系。他们并没有因此跟随国外研究团队的路线,而是在对自己和国外的研究结果深入分析和讨论后,坚持自己原有的研究路线,最终首次实现了量子反常霍尔效应。而后来发现国外研究团队所采用的材料体系确实无法走通。

经过几十年的发展,我国各领域顶尖研究团队的研究水平很多已经处于世界前列甚至领先,完全具有了对研究路线进行独立判断的能力。因此,对于重大科学问题如何解决应当有自己的方案和选择,这样才有希望获得原创性、引领性的科学发现。

# 三、经验启示

量子反常霍尔效应的实验发现是凝聚态物理学一次里程碑性的实验突破,是我国近年来在基础研究方面取得的代表性科学成果之一。此项重大基础研究成果取得的历程中对于大学如何开展高水平基础研究具有重要的示范作用。

## (一)要有解决世界科技难题的勇气

在很多基础学科领域,都有一些比较明确的、领域内公认的重大科学问题和长期未能解决的难题。这些重大科学问题的解决不但会推动这些学科研究的迅速发展,还可能会带来巨大的技术进步。我国很多科学家和研究团队已经具备了攻克国际重要科学难题的能力。要敢于以解决这些重大科学问题为目标,根据自己对这些问题独到的见解和独有的技能开展原创性的科学研究,积极推动实现重大的科学突破。

## (二)要加强团队合作

当今科学发展表明,科学已不再是单学科、个体的行为,科学体系已经成为大的系统工程,物质世界本身的整体性正迫切要求我们利用多学科的知识交叉,对自然界提供更加完整的解释。当重大科学问题较为明确,其解决路线图较为清晰时,在战略科学家的协调组织下,形成多个不同专长的研究团队将有助于实现重大科学突破。量子反常霍尔效应重大成果是理论物理学家、计算物理学家、实验物理学家协同创新、集体攻关的结果,为中国的科学家勇于创新、善于协同提供了又一成功典范。

## (三)要注重在重大科研攻关中培养青年人才

量子反常霍尔效应这一重大科学攻关培养了很多青年科技人才。项目的研究骨干中,马旭村获2012年中国青年女科学家奖;王亚愚获

2015年中国物理学会"黄昆物理奖";何珂获2015年日本"仁科亚洲奖"和2017年中国物理学会"叶企孙物理奖"。参加项目的博士生中有1名(常翠祖)获得美国大学教职并入选斯隆研究奖,7名后来入选海外高层次人才引进计划(青年),在国内几所高水平高校或研究所从事研究工作。可以看出,重大的科技攻关项目是培养高水平科技人才的高效途径。

### (四)要坚持开放的态度

与斯坦福大学的张首晟教授的交流合作,对于成功发现量子反常霍尔效应起到了重要作用。张首晟教授及其合作者最早在理论上提出在磁性拓扑绝缘体中可以实现量子反常霍尔效应,在与他的深入交流和合作中,以薛其坤院士带领的研究团队确立了量子反常霍尔效应实验实现的目标,并在研究过程中得到了张首晟教授很多重要的建议和理论支持。张首晟教授荣获了2017年度国家国际科学技术合作奖。科学研究既要坚持把自己的事情办好,持续提升科技自主创新能力,在一些优势领域打造"长板",也要以更加开放的思维和举措推进国际科技交流合作。

(执笔人:何珂、王亚愚)

# 社会服务篇

# 扎实开展对口支援工作
# 助力青海大学实现跨越式发展

——清华大学对口支援青海大学实践

## 一、背 景 情 况

对口支援是中国特色高等教育制度的一项创举,是落实国家重大战略部署、全面提高高等教育质量、促进区域高等教育协调发展的必然要求。2001年,教育部启动"对口支援西部地区高等学校计划"。清华大学作为首批13个支援高校之一,开始对口支援青海大学。随着支援工作的深入和青海大学学科发展需要,清华大学陆续邀请协调西北农林科技大学、中国地质大学(北京)、华东理工大学、北京协和医学院、上海交通大学、北京化工大学加入支援团队,支持青海大学发展。20年来,在清华大学等高校的持续支援下,青海大学奋发有为、不断提升,已经从一所普通的西部高校发展成为国家"211工程"大学、"世界一流学科"建设高校、"部省合建"高校,闯出了一条西部欠发达地区高校跨越发展的新路。

与对口支援初期相比,青海大学综合实力显著提升。青海大学学生人数由5600余人增加到2.5万余人,其中研究生2850人(含博士研究生206人)。教师中博士学历教师由1人增加到476人,占全体教师比例达到35%,硕士以上教师的比例从11%提高到86%。年度科研经费从0.11亿元到2018年突破3亿元大关。青海大学已发展成为一所以工、农、医、管四大学科为主,其他学科协调发展的教学研究型大学,正朝着"有特色、高水平的现代大学"目标稳步迈进。

# 二、主 要 做 法

## （一）班子高度重视，加强领导

清华大学高度重视对口支援工作，明确对口支援是党和国家交给学校的光荣政治任务，是学校建设中国特色世界一流大学的必然要求。加强顶层设计，把对口支援纳入事业发展规划和年度工作计划，集全校之智、举全校之力，认真组织实施落实，使支援工作成为学校事业的有机组成部分。历任党委书记亲自主抓，亲自谋划、亲自推动，切实解决矛盾、协调问题，强化工作合力。校长和班子成员多次到青海大学调研指导，推进重点工作。

## （二）健全工作机制，统筹协调

随着对口支援工作的深入，清华大学主动协调引入4所高校，2019年又加入2所对口合作高校，形成了各施其长、优势互补的高校团队式支援模式。清华大学每年召开全校对口支援年度工作会，研究部署重点任务。设立对口支援办公室，由学校党委办公室主任兼任对口支援办公室主任，协调联络推进工作落实。目前，清华大学对口支援已从学校层面深入到学院层面，10余个院系支援青海大学相应学院。各支援高校在长期实践中形成良好的工作机制，每五年制定一次对口支援规划，每年签订一次工作协议、召开一次工作会议。定期举行各校对口支援会议，不定期举行专题研讨会议。青海大学将对口支援工作作为加快学校发展的重要举措，针对制约学校快速发展的薄弱环节和关键领域，以主动求支持，以诚挚求援助，与各支援高校密切对接、明确目标、扎实推进。

## （三）选派干部骨干，深度融合

青海省委、省政府对清华大学高度信任，明确从对口支援工作开始，青海大学校长均从清华大学选派。清华大学先后选派4位知名学者出任青海大学校长。他们情系高原,奉献实干,用先进办学理念和发展思路,有力推动了青海大学综合实力和管理水平的提升。清华大学先后派出4批教授团帮助青海大学加强本科专业建设,每年集中派教师赴青海大学授课和开展学术讲座,帮助其建设夏季小学期。陆续选派10余位中青年骨干在青海大学学院层面挂职,直接推动学科发展和学术研究。自从2007年5月,青海大学在学校的建议和支持下成立计算机技术与应用系以来,清华大学从学校计算机系连续派出5位专家,接力出任青海大学计算机技术与应用系主任。2014年4月,青海大学成立光伏产业研究中心,清华大学选派学校电机系专家担任该中心主任,带领中心实现快速发展。

### (四)坚持开拓创新,多措并举

清华大学紧紧围绕教育部提出的"四个显著提升"[①]目标,采用多种措施,帮助青海大学增强自我发展能力。一是培养引进结合,提升师资队伍水平。自2011年开始,平均每年录取5名青海大学教师来校攻读博士学位,累计录取50人。推荐清华专家以兼职或双聘方式深度参与对口支援。在青海大学,清华3位院士受聘"双聘"院士、4位教师受聘教育部长江学者、8位教师受聘青海省昆仑学者。二是输出优质教学资源,提升人才培养质量。每年选派3~4名教师在青海大学夏季小学期讲授人文素质类选修课程,多位专家开展学术讲座;为青海大学播出20门、近1000小时远程课程。自2004年起,每年接受5名左右青海大学优秀应届本科毕业生来校免试攻读硕士学位,累计录取77人。2012年至2019年,每年邀请青海大学30名优秀本科生来校参加暑期英语实践活动。捐资100万元,设立"青海大学好读书奖学金"。帮助青海大学修订培养方案,支持开展"因材施教""创新创业教育""慕课教学"等教育教

---

① 显著提升受援高校的师资队伍水平、人才培养质量、科研服务能力、学校管理水平。

学改革。三是搭建平台,提升科研服务能力。建设青海大学—清华大学三江源研究院,支持建设青海大学新能源光伏产业研究中心,在青海大学附属医院建设"清华大学精准医学研究院包虫病研究中心",清华大学2个国家重点实验室在青海大学建设分室,开展"清华大学—奥克兰大学—青海大学三兄弟"项目,在青海大学科技园设立启迪科技园青海分园。四是加强培训和支持,提升学校管理水平。在清华为青海大学开办各项管理干部培训班10余次,培训青海大学干部300余人。协助青海大学制定和推进五年发展规划、"211工程"规划、"一省一校"规划、"双一流"规划及综合改革方案。帮助青海大学建立与清华同步的教务、科研、办公信息化系统并广泛应用。

# 三、经验启示

## (一)心怀责任、情系青海

清华大学对于对口支援工作高度重视、主动作为,始终强调对口支援是一项长期战略任务,必须上下一心、常抓不懈。不仅要带着责任、更要带着感情,无私地、全方位地、实实在在地做好。参与对口支援清华大学工作的领导和教职员工,均以高度的政治责任感使命感,带着深厚感情投入支援工作,心系责任、情系青海,积极开展支援工作。

在支援青海大学之初,生活条件艰苦,参加支援青海大学教授团的老教师有的已经年逾花甲,仍克服困难、全身心投入。2001年,首批教授团成员——外语学院退休教授侯成源在接到赴青海大学任教的任务时,立刻表示"好啊!我正想为西部教育事业发展做点贡献,就去青海大学"。第二批教授团成员——生命学院吴庆余教授在开展支教工作之外,将自己花费多年心血才完成的五大本基础生物学彩色图集全部无偿赠送给了青海大学。一位教授团教师曾说:"我们珍惜这一机会,它圆了我们支援西部的一个梦。"

计算机系长江学者史元春教授于2013年至2016年,在承担学校重要教学科研任务的同时,挂职担任青海大学计算机系主任。她表示"参与对口支援,有机会为国出力无上光荣",三年往返青海60多趟。2021年是电机系长江学者梅生伟教授对口支援的第八个年头,相较干部对口支援3年的期限,他已经"超长服役",甚至在生日当天忙完北京事务后仍连夜赶回青海。他说:"青海有一片广阔的天空,我们就是在离太阳最近的地方做事业,在离月亮最近的地方过生日。"

### (二)持之以恒、久久为功

在对口支援过程中,清华大学始终坚持持之以恒推动青海大学的建设发展,驰而不息、久久为功,用一代接着一代干的努力助力青海大学发展不断取得新成绩、迈上新台阶。

从2002年起,清华大学4位知名学者接力出任青海大学校长。清华大学材料系教授、曾任新型陶瓷材料国家重点实验室主任的李建保是对口支援以来青海大学首位校长。李建保为青海大学带去了新的思想观念、教育理念和办学思路,他着力加强青海大学学科专业建设,积极拓展学校对外交流合作和知名度。2005年10月,清华大学机械系教授、曾任机械工程系主任的陈强出任青海大学校长,建立起青海大学较为完善的办学体系。青海大学成功实现了获批博士点授予权、迈入"211工程"重点建设大学行列、在教育部本科教学工作水平评估中获得"优秀"等重大突破。2009年10月,清华大学电机系教授、曾任电机系主任的梁曦东出任青海大学校长,努力促进青海大学上水平、上台阶,实现本科专业全国一本招生全覆盖,工农医管四大学科一级学科硕士点全覆盖,通过"211工程"三期建设国家验收,入选"中西部高校提升综合实力工作"建设高校。2013年7月,清华大学水利系教授、中国科学院院士王光谦出任青海大学校长,实现青海省高校院士零的突破。在8年多的时间里,王光谦扎实推进青海大学综合改革,加大高水平师资培养引进力度,持续创新人才培养模式,创建国家重点实验室、国家大学科技园等高水平科研服务平台,着力打造特色优势学科,顺利开展"世界一流学科"和"部省合建"项目建设,使得青海大学朝着"有特色、高水平的现代大学"目标稳步迈进。

2007年,清华大学帮助青海大学创建计算机技术与应用系。清华大学以计算机系为主,从发展规划、学科建设、培养方案和课程体系制定、师资队伍、实验室建设等对青海大学计算机技术与应用系进行全方位支持,并连续从计算机系选派专家挂职担任该系主任。迄今已经有5位专家(周立柱、黄维通、史元春、陈文光、薛巍)担任青海大学计算机技术与应用系主任,接力支援、持续助力该系办学综合实力提升。青海大学计算机技术与应用系成立当年率先实现青海省一本招生零的突破,2009年获批当年全省唯一一个国家质量工程——人才培养模式创新实验区,2013年获批国家级本科专业综合改革试点,2014年获批教育部"计算机技术"专业学位硕士点;2019年获批国家级一流专业建设点。2018年,青海大学计算机技术与应用系组队参加ASC世界大学生超级计算机竞赛,获全球总决赛一等奖,成为当年唯一入围全球总决赛的西部高校队伍。在ASC20-21世界大学生超级计算机竞赛中,青海大学计算机技术与应用系超算团队再次进入全球总决赛,获总决赛一等奖,并跻身世界前十,取得突破性成绩。

(执笔人:朱涛、丛振涛)

# 做好定点扶贫工作
# 帮扶南涧县提前一年脱贫摘帽

——清华大学定点扶贫南涧县实践

## 一、背景情况

2013年4月,根据国家关于新一轮中央、国家机关和有关单位定点扶贫工作的总体部署和教育部工作安排,清华大学作为承担国家定点扶贫工作的直属高校之一,开始定点帮扶云南省大理州南涧彝族自治县。南涧县位于云南省西部,大理州南端,是一个集"山多、地少、民族、贫困"为一体的山区贫困县,属国家级贫困县、云南省重点扶持县和滇西边境山区少数民族集中连片特困地区县。全县面积1739平方公里,山区面积占99.3%。辖5镇3乡81个村,人口22.6万,少数民族人口11.6万,县内居住着彝、汉、白、回、哈尼等20个民族。

清华大学高度重视定点扶贫工作,明确指出定点扶贫南涧县工作是学校的光荣政治任务,是学校在建设世界一流大学进程中为国家作贡献、为社会尽义务的重要内容。自开展帮扶工作以来,学校坚持以习近平总书记精准扶贫精准脱贫战略思想为指导,充分发挥科教优势,用力调动校内外资源,用情凝聚师生与校友力量,面向南涧扎实开展了教育、医疗、人才智力、产业消费、党建等多个重点扶贫项目。8年多来,学校累计直接投入无偿帮扶资金2584万元,帮助引进无偿帮扶资金2436万元,培训基层干部4097人次,培训教师、医护人员等专业技术人员10437人次,集中购买南涧农产品1212万元,帮助销售南涧农产品1.37亿元。

经过多年的奋斗,南涧县脱贫攻坚取得了决定性的胜利。至 2018 年底,全县贫困发生率从 2013 年底的 28.05% 降至 1.32%,顺利达到脱贫摘帽标准;2019 年 4 月 30 日,南涧县正式退出贫困县序列,成功实现提前一年脱贫摘帽;2019 年底,全县剩余贫困人口全部退出清零;2020 年 8 月,南涧县高质量通过国家脱贫攻坚普查。清华大学定点扶贫南涧县工作,在国务院扶贫开发领导小组自 2017 年开始的定点扶贫年度工作成效考核中,连续四年考核结果均为最优等次。2021 年 2 月 25 日,全国脱贫攻坚总结表彰大会在北京举行,清华大学继续教育学院、清华大学对口支援办公室荣获全国脱贫攻坚先进集体。

## 二、主要做法

### (一)高点站位强责任

"开展定点扶贫,助力全面小康"。清华大学充分认识定点扶贫是全面建设小康社会的必然要求,是学校建设世界一流大学、服务国家发展应尽的社会责任。定点扶贫工作由校党委统一领导,书记主抓、常务副书记分管、班子成员按照分工共同推动。学校书记、校长及其他校领导先后 16 次赴南涧县调研推进定点扶贫工作。学校把定点扶贫工作纳入事业发展规划,制定年度工作计划并定期召开专题会议研究推进。专门成立定点扶贫工作办公室(对口支援办公室),由党办校办主任兼任该办公室主任,牵头协调工作落实。继续教育学院、校工会、饮食中心、党委组织部、学生工作部、研究生工作部、校团委以及建筑学院、美术学院、清华控股、清华附中、第一附属医院、北京清华长庚医院等 10 多家单位直接参与。

### (二)教育帮扶提素质

"落实教育扶贫,切断贫困代际传递"。在南涧县设立清华大学教育扶贫远程教学站(2019 年升级为清华大学南涧乡村振兴远程教学站),

累计通过线上线下方式培训党政干部 3200 余人次、专业技术人员 4300 余人次。在清华大学校内开设南涧县党政干部培训班 11 期,培训党政干部 490 余人次;开设南涧县骨干教师培训班 7 期,培训骨干教师 410 余人次。对南涧县党政干部在校培训减免费用,对南涧县骨干教师在校培训,引入基金支持,免除所有在京费用。成立"慕华—南涧互联网学校",持续为南涧县 1900 余位教师、26000 余名中小学生免费提供优质在线课程。在南涧县设立清华附中创新实验班,从 2018 年开始,在南涧一中(高中)、南涧镇中学(初中)每年各招生 2 个班,累计招生 4 届,共招收高中生 240 名、初中生 300 名。2021 年,南涧一中首届清华附中创新实验班 60 名同学参加高考,实现本科率 100%、一本率超过 90% 的优秀成绩,带动南涧一中、南涧镇中学的整体发展。南涧一中 2019 年、2020 年高考连续两年获得大理州教育教学质量二等奖,2021 年 11 月成功晋级为云南省一级三等普通高中。从 2019 年开始,每年选派清华大学研究生支教团 5 名同学,到南涧一中、南涧镇中学开展为期一年的支教活动。

### (三)医疗帮扶解民困

"没有全民健康,就没有全面小康"。南涧县地处无量山、哀牢山区域,平均海拔较高,儿童先天性心脏病的发病率远高于平原地区。针对这一问题,清华大学以学校第一附属医院为主体,依托自身的专科优势和优质医疗资源,在南涧开展儿童先心病的筛查救治工作,并辐射至大理州 12 个县市及大理周边部分县市。自 2013 年以来,清华一附院已在大理州及周边开展了 9 次大规模先心病患者筛查活动,累计筛查疑似患者 2814 名,减免筛查费用共 90 余万元,确诊 830 名需手术治疗患者。安排 30 个批次、611 名患者来清华一附院接受了手术治疗,手术全部成功,并累计帮助患者申领基金救助款 900 余万元。一附院在大理广泛开展的先心病救助活动,患儿治疗费用由当地政府(报销一部分)、基金会(救助一部分)、医院(减免一部分)共同承担,基本实现了贫困家庭先心病患儿救治零负担。该模式被称为"大理模式"并在全国得到有效推广。

自2013年以来,一附院派遣包括心脏内科、心脏外科、超声诊断科、儿科、妇产科、麻醉科等专业的专家到南涧县进行帮扶工作,先后免费接收大理州的心脏超声诊断、儿科、护理等专业医务人员来院进修学习,极大地提升了当地心脏彩超的诊断技术水平和儿科诊疗护理水平。一附院帮助南涧县妇幼保健院在2018年成立新生儿科,该儿科成立三年多来,已收治患儿1101名,97%治愈出院,仅3%转往上级医院,使危重新生儿得到及时治疗,大大降低新生儿和五岁以下儿童的死亡率。2021年7月,在一附院的持续帮扶下,南涧县妇幼保健院成功晋级二级甲等妇幼保健院。

### (四)人才智力帮扶助发展

"扶贫先扶志,扶贫必扶智"。学校连续选派挂职教师9人(挂职南涧县副县长5人、南涧镇西山村第一书记4人)在脱贫攻坚一线开展工作。每年组织多支学生实践支队、近百名同学到南涧县开展社会实践。自2015年以来,每年暑期选派10余名博士生在南涧县开展为期6周的实践,助力当地经济社会发展和脱贫攻坚。学校美术学院"艺术点亮乡村"实践支队先后5次到南涧,持续为南涧县和特色产业进行形象及产品设计。自2019年以来,建筑学院在南涧县西山村建设"清华大学乡村振兴工作站"南涧站,依托专业团队,改造建设当地闲置房屋,并依托工作站开展支教、培训、电商、文创等服务项目。

### (五)产业消费帮扶促增收

"要脱贫也要致富,产业扶贫至关重要"。学校在南涧县建立"清华大学绿色食品基地"并积极开展消费扶贫。集中购买南涧农产品1212万元,其中2018年、2019年、2020年,分别一次性集中购买南涧农产品307万元、335.4万元、346.8万元。在南涧注册成立两家企业,分别助力南涧茶产业、乌骨鸡产业发展。自成立以来,两家企业稳健经营,已采购当地青毛茶、乌骨鸡原材料6711万元,实现销售额6012万元。两家企业直接帮助27名建档立卡贫困户长期就业(每人每月就业收入超过

3000元),促进1500余户贫困户增收。

### (六)党建扶贫双推进

"抓好党建促扶贫,融入扶贫抓党建"。2017—2019年,清华大学陆续投入资金400万元,专项支持南涧县基层党组织开展党建提升和脱贫攻坚双推进工作,重点支持南涧镇城区、小湾线、公郎线、樱花谷线"一点三线"党建示范带建设,覆盖18个基层党组织、26个项目点。所涉及项目点中,有1个基层党支部被评为省州两级"规范化建设示范党支部",1个党支部被评为州级示范点,2名党支部书记获省级表彰,3名党支部书记获州级表彰。2020年,投入100万元支持南涧县智慧党建项目,助力南涧县提升基层党建数字化水平。2021年,投入200万元,支持南涧县建设松林新时代爱国主义教育基地。清华控股党委结对帮扶西山村党总支,投入资金100多万元,大力支持西山村的党组织建设、村小学建设、村道路建设以及村集体产业发展。支持西山村成立南涧县水木农业开发专业合作社,并推动下属企业持续购买合作社农产品,合作社年销售额达到50万元以上,每年为村集体经济增收2万余元。

## 三、经 验 启 示

### (一)匹配当地需求与学校优势,确定合适的帮扶项目,统筹兼顾项目长短期效果

南涧县教育和医疗基础设施差、资源匮乏,而清华大学拥有强大的教育、医疗和人力资源。因此,学校首先在南涧县开展教育、医疗和人才智力帮扶是很有针对性的。随着帮扶工作的深入,针对南涧县产业发展需求,清华大学结合所属企业集团相关产业资源和学校集中采购的消费资源,逐步开展了产业及消费帮扶,并很快取得实效。此外,在脱贫攻坚中,基层党支部的建设非常关键,清华大学也适时开展党建帮扶,助力南

涧县党建扶贫双推进。

在开展定点扶贫工作的初期，清华大学注重选择典型项目、快速推进，树立扶贫信心。例如在扶贫之初，就在南涧县开展先心病患儿救治，取得很好的治疗效果和社会反响，迅速得以在整个大理州推广。同时，清华又十分注重持续深化帮扶工作，充分发挥扶贫项目的长期效果。从一开始就在南涧开展教育扶贫，并持续深入推进，每年开展有针对性的培训项目，更新当地党政干部和教师等专业人员理念、提升综合管理技能。在医疗帮扶领域，坚持每年开展大规模筛查工作，并通过持续培训当地医护人员、加强对当地医疗机构的支持，逐步提升当地医疗水平。

### （二）注意发挥枢纽作用，吸引更多社会资源

清华大学在对口帮扶南涧县的工作中，注意发挥枢纽作用，运用学校的社会影响力和感召力，积极协调包括校企、校友及社会上关心清华和扶贫事业的单位、人士共同加入到定点帮扶工作中来。

清华控股核心企业在云南的子公司响应学校号召，在南涧县积极开展教育帮扶工作：参与募集并负责运营教育扶贫发展基金，基金规模达800余万元，每年将基金本金的10%作为收益定向捐赠给南涧县，累计捐赠资金180余万元，专项资助当地贫困家庭学生，有效解决了"因学致贫""因学返贫"问题。

学校派出在南涧的挂职干部积极发挥桥梁纽带作用，运用各种社会关系，多方筹措社会资源，为南涧经济社会发展注入活力。联系中国教育发展基金会、中国发展研究基金会、中国下一代教育基金会、民盟中央、华能澜沧江集团、经济科学出版社、清华大学福建校友会马克思主义学院分会、清华大学继教学院校友会、清华企业家协会等10多家单位和部分校友，累计引入捐赠资金和设备价值超千万元，直接帮助南涧县教育、医疗基础设施建设和产业发展。以支持幼儿园建设为例，引入中国发展研究基金会397万元资金支持，在南涧县开展"山村幼儿园计划"，采用幼教点、农村党员活动室、村民议事室等"一室多用、多室合一"的思

路,援助建成山村幼儿园70所,全县农村幼儿入园率从2015年的64%提升至2018年的90%,逐步解决了南涧县贫困山区群众幼儿就近"入园难"的问题。

(执笔人:朱涛、丛振涛)

制度与文化建设篇

# 夯实治理之基
# 构建中国特色现代大学制度体系

——清华大学"十三五"期间制度建设的实践和探索

## 一、背 景 情 况

2010年,中共中央、国务院印发《国家中长期教育改革和发展规划纲要(2010—2020年)》,明确提出完善中国特色现代大学制度,并部署了现代大学制度改革试点任务。党的十九届四中全会提出,中国特色社会主义制度是党和人民在长期实践探索中形成的科学制度体系,我国国家治理一切工作和活动都依照中国特色社会主义制度展开,我国国家治理体系和治理能力是中国特色社会主义制度及其执行能力的集中体现。中国特色现代大学制度是中国特色社会主义制度体系的重要组成部分,十九届四中全会相关精神在为坚持和完善中国特色社会主义制度、推进国家治理体系和治理能力现代化谋划蓝图、建构理论体系框架和话语体系的同时,也为中国特色现代大学制度建设提供了重要遵循,指明了正确方向。

清华大学在依法自主办学过程中始终高度重视制度建设,将制度建设作为依法治校的重中之重和推进治理体系和治理能力现代化的基础保障。2013年,学校党委启动章程制定工作,并明确了以章程为统领后续构建学校制度体系的任务。2014年,《清华大学章程》经教育部核准生效,为学校全面深化综合改革、深入推进依法治校提供了根本制度保证。2015年,学校开始启动制度建设"十三五"规划编制和制度体系架构顶层设计工作,迈入了构建中国特色现代大学制度体系、全面推进依法治校、加快推进治理体系和治理能力现代化的新阶段。

# 二、主要做法

## （一）加强顶层规划部署,落实组织条件保障

2016年6月,学校党委常委会会议正式通过《清华大学制度建设"十三五"规划（2016—2020年）》。这是清华大学历史上首次编制制度建设五年规划。规划提出力争到2020年全面建成内容科学、程序严密、配套完备、运行有效的制度体系的五年总体目标,部署了顶层设计体系架构、明确效力层级设置、规范健全工作机制、全面构建两级体系等多项重点建设任务。2016年12月,学校党委常委会会议通过《清华大学规章制度建设管理规定》,作为制度建设"十三五"规划的一项重要落实举措,明确了制度建设的管理体制,规定了校级制度三大类别和基于效力位阶的四级管理层级,全面规范了制度建设活动全过程各环节的工作。

切实加强两级制度体系建设的组织领导保障。在学校党委统一领导下,学校党委常委会会议研究决定制度建设重要事项,校党委书记任组长的依法治校工作领导小组和校长任组长的制度建设工作领导小组统筹协调督促推进制度体系建设。在二级单位层面,各院系党组织书记、各部门（机构）负责人全面负责本单位内部制度体系建设。

结合规划提出的目标任务,全面加强制度体系建设的条件保障。一是建设专业化队伍,成立法治工作机构,作为制度建设归口部门,协调各职能部门及管理机构（以下统称主责部门）在职责范围内分工承担校级制度建设任务;设立由法学、管理学、教育学等学科领域专家学者组成的专家组,为制度体系建设提供高水平专业指导。二是组建一支覆盖全校二级单位的法治工作联络员队伍,具体承担各单位内部制度体系建设

的落实与协调工作。三是在学校预算中列支专项确保经费支持。四是大力推进规章制度信息平台建设。五是建立制度建设研究长效机制。

## （二）系统设计体系架构，全面覆盖建设指标

2016年6月，学校党委常委会会议正式通过《清华大学制度体系架构设计方案》（以下简称《体系架构方案》）。《体系架构方案》将校级制度划分为根本制度、基本制度、具体制度三大类型，全面覆盖内部治理、教育教学、学术研究、社会服务等八大领域，明确了336项具体建设指标。2018年学校特别选取麻省理工学院、伯克利加州大学、新加坡国立大学等六所世界一流大学深入开展了制度体系建设国际比较研究，经制度建设专家组研究论证，将具体建设指标由336项整合为300项。《体系架构方案》将坚持党的领导贯穿始终，以学校章程为统领，立足落实学校办学理念和根本任务，注重传承清华优秀文化传统，基本制度建设指标侧重完善治理结构、明晰权利义务，具体制度建设指标着力规范办学管理行为、保障维护权益，力求实现中国特色、世界一流、清华风格的有机结合。

对标《体系架构方案》，聚焦指标覆盖情况，学校对600余项现行校级制度进行了全面梳理，制定了《清华大学制度建设五年任务分解方案（2016—2020年）》。《任务分解方案》重点针对占比约25%的"零覆盖"建设指标和"低覆盖"建设指标，以及一部分内容交叉重复需进一步整合的已有规章制度，确定了"十三五"期间待补充完善的134项制度建设具体任务，并按主责部门逐年进行分解落实。截至2020年，300项建设指标基本实现全覆盖。

## （三）坚持效力效率并举，规范健全工作机制

学校全面实行校级制度的统筹计划立项机制、多元途径起草机制、逐级授权管理机制、合法合规审查机制、统一备案公布机制，以及制度建

设评估监督机制。自2017年开始逐步实行以来,各项工作机制运行规范有序,有效实现了制度建设的效力与效率并举。

全面实行立项审批统筹计划机制,切实维护制度体系的整体性与协调均衡。学校每年定期安排校级制度建设项目集中立项工作:各主责部门根据学校制度体系建设相关部署并结合实际工作需要,提出职责范围内的重要校级制度建设项目(立改废)立项申请,经由法治工作机构汇总并统筹协调后报学校制度建设工作领导小组批准立项;应上级部门或者学校决策会议以及依法治校领导小组、制度建设工作领导小组要求需立改废的规章制度,逐行立项。因特殊情况确需临时调整校级制度建设项目的,经相关业务分管校领导和法治工作主管校领导会签同意,可以追加立项。校级制度年度建设计划在正式立项的各项制度建设项目基础上汇总形成。

探索实行多元途径起草机制,防止部门利益制度化。校级制度文本的组织起草工作,主要由主责部门具体承担。涉及多个部门重要职责的校级制度,由多个部门共同起草;涉及专业领域或存在较大争议又确有必要制定的校级制度,探索尝试委托第三方专业机构或专家起草。

全面实行层级授权管理机制,兼顾效力与效率。按照效力位阶由高到低,将校级制度分为特级制度(章程)、一级制度、二级制度、三级制度共四个层级。基于效力层级,实行逐级授权,有序开展校级制度立改废释活动。学校章程按上级部门规定程序立改废释,一级制度由学校决策会议组织立改废释,二级制度由学校决策会议授权相关专项工作领导小组或专门委员会组织立改废释,三级制度由相关专项工作领导小组或专门委员会授权主责部门组织立改废释。非经授权不得擅自进行校级制度立改废释。

严格实行合法合规性审查机制,确保制度供给水平质量和制度体系的协调一致性。学校的一级制度、二级制度草案,须正式提交法治工作机构进行合法合规性审查,审查通过后方可安排进入后续的决定程序。

涉及师生员工基本权利义务的校级制度草案,还须严格按规定程序进行公示。

实行统一备案公布刊载机制,逐步规范登记公布及清理等程序。校级制度均需统一备案登记,一级制度、二级制度严格按照学校公文处理程序统一编号公布,三级制度由主责部门按规定编号公布。按照法制统一的原则,定期进行清理,及时公布废止失效制度。逐步加大信息化公开化,建设规章制度检索平台,统一刊载,方便师生查阅,持续提高效率。

探索实行评估监督机制,科学提升制度执行效能。根据教育部关于进一步加强法治工作的相关指导意见,结合学校实际,研究制定制度建设评估标准,评估结果作为主责部门绩效考核的重要内容。专设法治工作先进单位和先进个人奖,结合评选工作加强对法治工作的评价。探索建立制度执行情况的协同监督机制,科学运用监督结果,及时发现制度设计缺陷,有针对性地精准改进薄弱环节,切实提升校级制度的质量和执行效能。

### (四)探索实践积累经验,构建两级制度体系

按照《制度建设"十三五"规划》中提出的"加快实现两级制度体系完备、规范的目标",学校于2016年底启动二级单位内部制度体系建设试点项目,遴选了教学研究、管理、服务等类四个试点单位,进行了近一年的实践探索,为全面推进二级单位内部制度体系建设积累了重要经验。

在试点基础上,结合改革发展和内部治理实际需求,学校于2018年7月全面部署了二级单位内部制度体系建设任务。经过一年半的有序推进,至2019年底,二级单位全部完成内部制度体系基本建设任务。

经过"十三五"期间的持续努力,学校制度体系构建任务基本完成,整体实现了"立治有体"的基础建设目标,为加快实现治理体系和治理能力现代化夯实了"治理之基"。

# 三、经验启示

## （一）坚持党的领导

坚持党对学校的全面领导，是系统高效构建中国特色现代大学制度体系的政治优势和根本保障。构建系统完备、科学规范、运行有效的学校制度体系，必须在学校党委的领导下进行，科学谋划、顶层设计、整体协同、全面保障，确保系统性、高效性和全面推进落实到位。学校党委充分发挥总揽全局、协调各方的领导作用，从组织编制制度建设规划到制定校内"立法法"，从制定体系架构方案到确定五年任务分解方案，从强大的组织保障到全面有力的条件保障，对每一项部署、每一项举措都明确了牵头单位、推进路径、时间节点和预期目标，一项一项抓落实，持续深入推进制度体系建设和依法治校工作。

## （二）坚持深入研究

构建中国特色现代大学制度体系，不能简单照搬西方经验，必须深深扎根中国大地、充分立足中国实际，着眼大学的组织特性、功能使命，兼顾国际视角，持续开展深入研究，遵循高等教育规律和治理逻辑，以现代理念科学统筹推进。学校聚焦"中国特色""世界一流""清华风格"，有针对性地开展专题研究，先后形成了《基于治理体系和治理能力现代化视角及理论的清华大学制度体系构建研究与实践》《清华大学制度体系构建设计国际比较研究报告》等研究成果，确保每一次探索创新都有坚实的研究基础作为支撑，每一次研究成果用于实践都能有效提升学校制度体系的科学性、系统性与前瞻性。

## （三）坚持问题导向

构建制度体系必须始终坚持以问题为导向，坚持从实际出发，系统集成推出创新举措。学校精准对接综合改革重点任务、聚焦师生员工关切,先后统筹开展涉及治理结构、学术评价、资源配置、机构职能配置、权利救济保障等重要领域的建章立制,及时将实践成果凝练上升为制度设计。同时,科学运用信息技术手段和协同监督机制,客观掌握制度供给需求、及时发现并解决问题。正是因为始终这样坚持问题导向,学校制度建设的薄弱环节有效得以精准改进,制度的质量和执行效能有针对性地得以提升,制度体系也从而得以不断切实健全完善。

(执笔人:孙宏芳、邓海峰)

# 打造数字人文课堂
# 让人文思想影响社会

## ——"人文清华"讲坛的实践和探索

## 一、背景情况

  大学是古今文明荟萃的殿堂,是人类精神梦想的寄寓之所。建设世界一流的文科是建设世界一流大学不可分割的部分。2016年1月"人文清华"讲坛在新清华学堂正式启动。校长邱勇在开坛致辞中指出:"清华的第二个百年,一定会更创新、更国际、更人文。"面向全校师生和社会公众开放的"人文清华"讲坛,既是清华人文素质教育的有力举措,也是清华积极承担社会责任,探索人文教育、数字教育、终身教育的重要实践。

  开办"人文清华"讲坛,旨在传承清华百年人文传统、打造人文新格局。截至2021年底,"人文清华"共举办了44场大型演讲直播活动,已有34位学术领域的颇有建树的学者登坛演讲,分享灼见;直播观看量达4064.8万人次,全平台共发布视频14721条(次),视频、图文综合观看和阅读量8.06亿人次;"人文清华"全网累计用户已达417万,内容传播覆盖人群达82亿人次。正如《人民日报》"深观察"栏目的专题报道所言:"'人文清华'讲坛已成为一个人文思想持续发声的公共空间,将大学的围墙打开,让优秀学者的思想和精神直接影响公众,影响社会。"

# 二、主 要 做 法

## (一) 依托品牌讲坛，聚焦"高峰"展示"高原"

人文日新是大学发展的源头活水，优秀传统文化是人文日新的思想土壤，全人类优秀文明成果的交融交会不断丰富人文日新的内涵。清华大学人文氛围浓厚，现代科学与人文学科并驾齐驱。"人文清华"讲坛邀请清华当代学术大家阐述经典学说、独特思考和重大发现，并对其进行深度访谈。

人文社会学科的学者重在呈现清华人文社会学科快速发展的原因和路径，以及清华新人文思想的成果；理工科的学者重在呈现人文思想对其重要学术研究的影响及其学术研究背后所隐含的人文关怀。两类嘉宾都为"兴清华之人文，启国家之精神"作出了重要贡献。

## (二) 内容策划关注时代热点，心系国计民生

大学肩负着传播知识和价值的使命。"人文清华"在内容策划之初就寻找关系国计民生的时代热点，推动人文日新、社会进步。在信息碎片化的时代，学术思想要抵达公众，内容要做到深入浅出，兼顾专业性与大众性。"人文清华"讲坛通过向每位学者请教各个学科的基本问题，打破信息茧房，引导公众以不同的学科框架来看待世界，获得了更大的知识视域，并找寻对人类共同价值的长远追求。

"人文清华"也致力于展现清华学术大家的"中国气派"。"人文清华"讲坛在深度访问中重在呈现学者们学术积累和学术思想形成的过程。在"人文清华"讲坛上，89岁高龄的著名艺术家常沙娜先生带领大家领略敦煌之美，历史学家彭林教授阐释了中国礼义之道，建筑史学家郭黛姮教授带领大家"重返"中国古典园林的代表圆明园。每位学者的人生经历、学术经历以及独特的思考和发现，都是中国社会发展进程的

生动切面,带给公众深刻的启迪。

### (三) 打造全流程、全媒体、全品类的人文课堂

"人文清华"内容生产与运营具有全流程、全媒体、全品类的特征。全流程,是指工作链条涵盖从策划、生产到运营的所有流程,其中短视频内容自运营以来,每天发布,一些忠实用户已经养成"每天打卡上清华"的习惯;全媒体是指内容输出端覆盖电视、报纸、杂志、图书等传统主流媒体,网络媒体,社交媒体等;全品类是指内容产品形式包括现场演讲、大型直播、超短视频、短视频、中视频、长视频、图文、播客、图书等,形成传播矩阵。在全媒体阵列中,直播和短视频打头阵,吸引了最初用户,之后通过中视频、长视频、音频、图文等深度内容,逐步影响更多深度学习者。

身处于庞杂喧嚣的媒介环境中,建设数字人文课堂,传播人文内容,并不容易。在"人文清华"项目的所有品类中,短视频发挥了聚集用户的重要作用。截至2021年底,中国短视频用户规模为9.34亿,占网民整体的90.5%。社交媒体这一公共媒介为学者与公众直接交流提供了有效平台。"人文清华"讲坛善于把握新媒体传播趋势,把学者的演讲和长篇访谈加工成几千条四到五分钟的短视频,一次讲清楚一个观点、一个故事,言之有物、明白晓畅,能够快速到达受众、凝聚受众。但是,难以承载更多深度内容的短视频对终身学习而言远远不够。"人文清华"在建立品牌效应之后,适时推出更为深刻的传播内容,包括30分钟的演讲精剪、一小时的直播回放和两小时的深度访谈,同时将深度访谈制作成视频、图文、播客等不同形式的媒介产品,实现更大范围的传播与分享。

### (四) 承担社会责任,输出优质公开课

疫情给各行各业带来严峻挑战,"人文清华"讲坛从演播间到新清华学堂,再到户外直播,坚持向社会提供优质课程,体现了清华人在危机时刻服务社会的责任与担当。疫情期间,"人文清华"连续推出六场大型直

播公开课,以深度思考研判复杂社会,帮助大家在疫情中建构认识世界的多元视角。

"人文清华"通过"云讲坛"的形式走出校园,打造了品牌节目"走读中国",引导公众从名胜古迹的游览者成长为历史的感受者和文化的传承者。2020年适逢中国营造学社成立90周年,"人文清华"推出"走读中国"特别节目《穿越时间的距离,跟随梁思成林徽因探寻中国古代建筑》,把讲坛开到古建筑现场,先后带领网友云游太原晋祠、大同云冈石窟、应县木塔和五台山佛光寺四处千年古建。公众跟随清华大学建筑学院的学者重访了以梁思成、林徽因为代表的中国营造学社进行科考调研的古代建筑。在紫禁城建成600周年之际,"走读中国"邀请清华大学与故宫博物院的学者开启《鸿图华构,人文清华故宫行》,从建筑与文明的角度,追寻历史记忆,解读文化基因。

### (五)探索新闻传播学教育新方向

"人文清华"项目由清华大学新闻与传播学院具体负责实施,项目也被引入了本科阶段的"社会化媒体应用"、研究生阶段的"社会化媒体运营"等课程的课堂,借此探索新闻传播学教育、传媒人才培养的新方向。

课程以工作坊方式展开,侧重传媒实践。授课教师及业界导师引导学生参与"人文清华"项目的各个环节,学生通过制作"人文清华"相关视频、图文等内容,更加深入地了解社会化媒体的生产流程和产品形态,并通过"真刀真枪"的媒体运营真实了解各大社交媒体平台的特征。目前"人文清华"微信和微博的内容采写及运营主要由学生承担,部分能力突出的学生还担任了项目执行制片人和执行导演等重要工作,进一步培养学生扎实的社会化媒体应用能力、融媒体项目管理能力。以"人文清华"为核心的融媒体教育教学体系模式新颖,教学成果显著,已在学界和业界产生深远影响,并荣获了2021年"清华大学教学成果奖"。

## 三、经验启示

### (一) 传承人文传统,彰显中国气派

清华大学人文学科对中国现代文化发展史、现代思想发展史意义非凡。随着"人文清华"讲坛、文科沙龙等品牌活动的举办,文科学者的贡献和人文社会科学对清华大学的支撑作用日益凸显。用中华优秀传统文化启智润心,也是"人文清华"不断开拓创新的内容重镇。做好当下清华人文思想、人文精神的传播一定要回溯清华的人文传统,梳理文科发展历史,研读清华人文学者的经典学说,传承、总结和展示好清华大学老一辈学人的学术精神和当代学者的研究发现,让人文思想浸润校园、影响社会。

### (二) 推动思想交流,构建人文新格局

坚持扩大文科影响,借助现代传播技术,遵循传播规律,全方位呈现清华的人文成就和思想成果,充分发挥文化育人作用,以大众喜闻乐见的形式达到普及知识、无声浸润的目的和效果。加深文科与理科对话,延续"文理渗透、理工结合"的清华特色,在人文精神和科学精神的结合中培养健全人格,在交叉融合中启迪思想、拓展学术空间。打破学科壁垒,促进跨学科、多学科优质资源形成合力,以期成为清华大学"更创新、更国际、更人文"进程中的重要推动力和国家文化建设的重要组成部分,进一步促进校园文化的建设与人文学科的发展,形成富有特色、不断繁荣、持续引领的文化生态,为"讲好中国故事,让世界读懂中国"贡献清华力量。

### (三) 提供数字课堂,服务终身教育

国家"十四五"规划纲要提出,"完善国家数字教育资源公共服务体

系,扩大优质资源覆盖面""不断拓展优化各级各类教育和终身学习服务"。"人文清华"讲坛的社会影响力日益彰显,是中国大学承担社会责任的成功例证。在教育数字化转型的历史节点,"人文清华"走出大学围墙,力图为公众的终身化教育提供一个数字选修课堂。以"人文清华"讲坛内容为基础制作慕课,打造出首批国家精品在线开放课程,将人文教育资源数字化,通过社会化媒介平台传播知识、普惠公众,共享优质教育资源,更好地服务全民终身学习。

(执笔人:张小琴、江舒远、王立斌)

# 彰显人文以文化人
# 荟萃艺术以美育人

——清华大学艺术博物馆的实践和探索

## 一、背景情况

　　文化是历史积淀和文明发展的深层体现,艺术是人类优秀文化的宝贵财富,艺术作品凝聚着国家的文化风貌和艺术家的心血智慧。大学作为文化传承的重要载体和思想文化创新的重要源泉,有义务保存、传播和研究人类文明的宝贵财富。一流的大学需要一流的博物馆。19世纪以来,世界各地的许多大学相继创建了各自的艺术博物馆。大学博物馆在整个博物馆历史进程中占据着独特的地位,在整个大学教育体系中扮演着重要的学术角色。目前,全国300余家高校博物馆已成为博物馆体系和现代教育体系的重要组成部分,是大学深厚学术和文化积淀的重要标志。

　　清华大学艺术博物馆是几代清华人共同的梦想,凝聚了清华人为了弘扬民族文化和艺术、传承清华人文传统的美好心愿和不懈努力。早在90年前,清华便有了收集、保管、研究文物的意识。1926年6月底,在教务长梅贻琦主持下,清华学校研究院与大学部历史学系教授举行联席会议,讨论组建考古学陈列室。此后清华学校研究院国学门与历史系合办考古学陈列室,开启了清华人的筑梦之旅。而明确提出创建博物馆要追溯到1947年。1947年4月,梁思成、陈梦家、冯友兰等清华教授出席美国普林斯顿大学创立200周年纪念举行的"远东文化与社会"研讨会,回国后提请清华设立艺术史系、研究室以及博物馆。次年,清华大学正式批准成立文物陈列室,并举办了公开展览。然而,1952年院系调整,文物馆被裁撤,8400余件珍贵文物也一同被划拨外调。1999年,原中央工艺美术学院并入清华,启动艺术博物馆项目及建筑设计,新一代清华人接过了接力棒,为建立清华自己的博物馆继续奋斗。

2008年,艺术博物馆筹建领导小组正式成立。2012年,艺术博物馆在校友的支持下破土动工。2013年,艺术博物馆机构正式建制。90年沉淀,17年筹划,这座凝结无数清华人心血追求、寄托社会各界人士爱心支持的艺术殿堂终于在2016年4月顺利落成,并于9月10日正式向公众开放。艺术博物馆开启的不仅是精彩纷呈的展览,更是清华人文艺术的新篇章。

## 二、主要做法

清华大学艺术博物馆的核心使命是促进艺术学科的发展,加强艺术学科与理工、人文等学科之间的交叉与融合,营造良好的文化艺术氛围,荟萃各类优质人文艺术资源,为培养创新人才服务。艺术博物馆围绕使命重点推进了以下工作。

### (一) 发挥引领性,贯通古今、融会中西

艺术博物馆坚持以"彰显人文、荟萃艺术,精品展藏、学术研究,内外交流、资讯传播,涵养新风、化育菁华"为办馆方针,秉持"为清华艺术教育、通识教育及全民美育服务"和"中国最好、世界一流的大学博物馆"的定位,在收藏、展览、研究和教育活动中始终坚持中西融会、古今贯通、文理渗透。

致力于馆藏活化,努力用藏品讲好艺术故事。艺术博物馆的藏品在继承原中央工艺美术学院优秀藏品系统的基础上,规模不断扩充、品类不断丰富、品质不断提升、结构不断完善。藏品主要涉及绘画、书法、织

绣、陶瓷、家具、青铜器及综合艺术品等多个门类。书画类藏品兼具古今，涵盖多位名家巨迹；织绣类藏品时代涵盖明清及近现代，工艺种类多样；陶瓷类藏品时代自新石器时期至近现代，种类相对丰富，工艺技法全面；家具类藏品时代自明至近现代，不乏罕见的传世佳品；青铜类藏品以铜镜为主，汉镜与和镜两大体系各具特色；综合艺术类藏品内容繁多，其中不乏日本、朝鲜、柬埔寨、苏联时期的贵重国礼，制作精良，规格极高，见证了新中国成立以来辉煌的外交成就。藏品时间跨度大，材质与形式丰富，传统与现代各种艺术风格相互碰撞，中国与外国各种艺术形式兼容并包。

致力于组织策划高水平学术展览，坚持用好展览服务美育。截至2021年底，清华艺术博物馆成功举办高水平展览82个（其中国际交流展26个），历年引人瞩目的重要展览有"对话达·芬奇/第四届艺术与科学国际作品展""从莫奈到苏拉热：西方现代绘画之路（1800—1980）""西方绘画500年——东京富士美术馆馆藏作品展""器服物佩好无疆——东西文明交汇的阿富汗国家宝藏""与天久长——周秦汉唐文化与艺术特展""美育人生——吴冠中百年诞辰艺术展""华夏之华：山西古代文明精粹特展""栋梁：梁思成诞辰一百二十周年文献展"等，并设有"清华藏珍"系列馆藏常设展等，时间跨越古今，地域涵盖中外，形式多样，主题突出，内容丰富，特色鲜明，形成了清华艺术博物馆的展览特色，在业界产生重要影响。

坚持打造国际化的文化交流平台。清华艺术博物馆不仅把世界各国、各民族的优秀文化艺术请进来，也着力让中国优秀的文化和艺术传统走出去。清华艺术博物馆已与52家外国驻华使领馆（驻华文化中心、政府间组织驻京代表团）、103家外国博物馆、美术馆、艺术基金会等艺术机构建立联络，在交流中汲取国内外优秀博物馆和艺术机构的经验，在合作中提升管理、服务的质量和水平。

坚持与时俱进，不断追求展览方式和内容的创新。2020年新冠肺炎疫情对学校和艺术博物馆都造成巨大冲击，艺术博物馆一度无法面向观众开放,这是新的挑战,也带来了新的机遇。清华艺术博物馆积极应对、另辟蹊径,充分利用网络手段,拓展线上传播渠道,突破时空局限,坚持为国内外观众奉上一场场视觉盛宴和学术大餐。特别值得一提的是,艺术博物馆以极高效率联合 100 多位专家学者联名发起"窗口"疫情图像档案征集活动,得到了社会各界人士与国内外机构的热烈反响,共收到来自 11 个国家的 6000 余件影像作品。经三轮专业评审,选出并策划实施了实体空间的展览,以 200 余件影像作品记录了全球视野下疫情期间的个人感受。本次展览开创性地以"云征集"和"云展览"的形式,点亮了疫情时代的精神之光。未来还会将互动投影、数字沙盘、VR、AR 等科技元素注入展览中,更好地实现创新、向美而行。

### (二)重教育、强学术,充分发挥育人功能

收藏、研究、展示和教育是博物馆的四大核心职能,而艺术博物馆作为大学博物馆,其首要职能是服务学校的人才培养、学科建设,以及美育工作。艺术博物馆成长于清华,其创立和发展得益于清华大学的艺术及相关学科。本馆现有藏品 14319 件套/23155 件,其中大多来自原中央工艺美术学院旧藏,直接继承了原中央工艺美院为配合教学科研而构建起来的收藏体系。

清华艺术博物馆的"重教育"体现在三个层次:一是服务于清华美术学院艺术与设计学科发展及专业人才培养的需要;二是服务于全校师生综合艺术与人文素养的提升;三是服务于社会公众的审美与艺术熏陶。为配合美院的专业教育,艺术博物馆成为了最生动的课堂。把美院的大师临摹课直接搬到博物馆的展厅,引领学生在现场探寻那些伟大的时代、艺术家及其作品中的奥秘;为美院毕业生精心组织策划毕业展,向社会和专业艺术机构展示毕业生的艺术成果。

艺术博物馆作为清华大学的重要人文标志,旨在搭建一个优良的学术平台,发挥美育功能。开馆至今,已经出版多本学术刊物并举办了多项学术活动,着力加强学术研究的广度和深度,努力打造独特的学术品

牌。推出馆藏丛书与展览系列丛书共30册,并推出《清华大学艺术博物馆馆刊》24期;配合展览与相关主题研究,组织召开系列学术讲座133期,举办研讨会和论坛20余场,为展览后续的研究及美育工作提供了深厚的学术基础。

### (三)加强公共性,主动承担社会责任

清华艺术博物馆在为校内师生提供优质服务的同时,也积极承担起服务社会公共美育的责任,创造性地构建起多层次、创新性、精细化的博物馆美育服务综合体系。

艺术博物馆不断优化参观导赏服务,构建了包含数字展厅、语音导览机、多媒体触摸屏、微信语音导览、团队用无线导讲系统等在内的多媒体展览导览体系,还邀请策展人、学术主持、专家学者、博物馆馆长及教育人员、志愿讲解员等开展"专场导赏""云讲解""云导览"和周末节假日固定时段讲解等16000余场。艺术博物馆着力建设高水平的志愿者团队,合计人数530余人,志愿服务时长超过24000小时。志愿者在深受美育浸润的同时,提供优质服务,践行志愿精神,产生了良好的社会效益。

艺术博物馆积极发展了包含5200余位清华校友与社会公众的会员体系,打造稳定的观众群体,开展会员专场活动50余期,推动个人、博物馆和社会的交流和共同进步。艺术博物馆依托网站和微信平台不断强化公共教育和服务功能,在官方网站上开放了展品和部分藏品的清晰图片,并且为专业研究人员无偿开放所有馆藏清晰图片,以支持鼓励利用馆藏开展学术研究。

在为公众提供便利的基础上,艺术博物馆推出了形式丰富的高品质教育活动,形成线上线下融合的博物馆美育体系。艺术博物馆不仅支持校内学院通识类课程的开展,促进学科交流融合,还不断探索并完善与大中小学校的合作机制,为社会公众深度接触和体验艺术提供了有力支持。长期开展"学术讲座"公共教育项目,先后邀请140位国内外专家学

者,开展专题讲座超过133期,线上线下听众超过150余万人次,推动了文化知识与学术动态的传播;重点建设"手作之美"艺术实践探究课程,先后开展活动42期,涵盖陶艺、染织、雕塑、版画、水墨等19个艺术门类,参与人数1800余人次,将专业艺术形式转变为公众日常的审美体验;开展"艺术沙龙"13期,参与观众34000余人次,为观众提供了与艺术实践者、学者、研究者深入讨论的机会;"艺博映话"兼顾于影像作品的艺术性、思想性与分享内容的专业性、普及性,已先后邀请15位导演、制片人、主演,放映和对话分享纪录片、故事片、动画片等14部影片,参与观众4200余人次;"艺博微视"以短视频的形式,生动地讲述了艺术博物馆背后的故事,共计创作发布14期,观众超过26万人次;策划发布"云朗读"8期,收听阅读近14万人次,以声音表现、图像叙事与文字阅读相结合的方式,在网络上传播和共享展览的艺术思想与内容。

## 三、经验启示

清华大学艺术博物馆开馆仅5年,以高水平的展览和公共教育获得了社会的高度认可。2019年9月,中国博物馆协会换届时,清华艺术博物馆被推举为第七届中国博协副理事长单位。2020年12月21日,中国博物馆协会发布了《关于第四批国家一、二、三级博物馆名单的公告》,清华大学艺术博物馆入选第四批国家一级博物馆,这是高校博物馆首次晋级国家一级馆,具有开创性的里程碑意义,充分肯定了清华艺术博物馆的影响力、规范化、专业性。艺术博物馆在实践中探索出了一系列行之有效、可供学习的经验。

### (一) 立足育人目标,保持正确方向

艺术博物馆坚持以"彰显人文、荟萃艺术、涵养新风、化育菁华"为己任,以服务学校和社会美育工作为目标。出版学术刊物并举办形式丰富的学术活动,着力加强学术研究的广度和深度,为美育工作提供了深厚

的学术研究基础;把课堂搬进博物馆,也让艺术走进课堂,让学生在美的体验中增长知识、提升素养;构建会员体系,培育志愿者队伍,在服务师生的同时,实现公众与博物馆之间的良好互动,推进面向社会的艺术教育服务与传播,构建多层次的美育服务综合体系。

### (二)加强合作交流,学习先进经验

作为一座开放的艺术殿堂,艺术博物馆实现的不仅是科学与艺术的结合、传统与现代的碰撞,更是中国与外国的交流。艺术博物馆始终坚持面向国际,通过建立联络、合作办展等形式与国内外优秀高校博物馆交流互动,汲取先进经验;通过交流互换和资源整合,把其他国家和民族的艺术成果带入中国,把中国的优秀文化传播出去,实现文化的交流碰撞;邀请海内外学者,举办形式多样、内容丰富的学术演讲和研讨会,实现思想的交锋和智慧的碰撞。艺术因交流而多彩,文明因互鉴而丰富。

### (三)寻求社会支持,获取有力支撑

缺人缺地缺资金,这是高校博物馆普遍面临的难题。博物馆的发展不仅要加强自身建设,更要寻求广大校友和社会爱心人士的帮助。艺术博物馆项目启动以来,源源不断地接受了来自艺术家、收藏家、校友等社会贤达捐赠的优秀艺术品,扩充了藏品的规模,提升了藏品的规格。艺术博物馆还吸引了大量海外艺术家和收藏家的关注,并接受了来自世界各国的优秀作品捐赠,丰富了艺术收藏的种类,形成了别具一格的特色。此外,艺术博物馆积极推动文创研发,不仅获得了经济回报,而且增加了传播途径,通过产品深远持久地提升文化影响力和感染力。

(执笔人:杜鹏飞、李哲、顾淑霞、刘浣莎)

# 领时代文明新风
# 创一流文明校园

## ——以创建全国文明校园为抓手深化精神文明建设

## 一、背 景 情 况

高校是社会主义精神文明建设的重要阵地。清华大学在全面推进综合改革和"双一流"建设的进程中,始终把精神文明建设摆在重要位置,强化精神文明建设委员会的统筹领导作用,明确党委宣传部作为精神文明建设委员会办公室的相应职责要求,并于2019年成立文化建设办公室,结合实际全面落实《新时代公民道德建设实施纲要》《新时代爱国主义教育实施纲要》《关于新时代加强和改进思想政治工作的意见》,统筹推进学校精神文明建设各项工作。学校一贯高度重视文明校园创建工作,把文明校园创建作为精神文明建设的重要组成部分,坚持正确方向、坚持立德树人、坚持服务国家、坚持改革创新,努力抓好教师和学生两个关键群体的思想政治工作和道德文明养成,大力弘扬社会主义核心价值观,积极创建人文、绿色、开放、智慧校园,引导全校师生员工保持健康向上、奋发有为的精神面貌,凝心聚力向着世界一流大学前列的目标奋力迈进。清华大学曾多次被评为"首都文明单位标兵"和"全国文明单位",2017年获评首届"全国文明校园"。

## 二、主要做法

### （一）培根铸魂，强化党的创新理论武装

坚持把学习贯彻习近平新时代中国特色社会主义思想作为首要政治任务。学校党委在学懂弄通做实习近平新时代中国特色社会主义思想上持续下功夫，深入学习贯彻习近平总书记对清华大学的重要讲话重要指示精神，建立贯彻落实情况的督查督办机制，进一步从政治上深刻领悟"旗帜""标杆"实质内涵，做到"两个维护"。全面加强党的政治建设，制定实施《关于加强学校党的政治建设的若干措施》，做好"全国党建工作示范高校"创建工作。加强领导班子建设，坚持和完善党委领导下的校长负责制，修订学校党委全体会议、常委会会议、校务会议和院系党组织会议、党政联席会议议事规则，强化学校党委管党治校主体责任和院系党组织政治功能。学校党委每年印发《理论学习要点》并制定学习方案，抓好理论学习中心组学习，明确以"自己学、自己讲"为主以及统筹做好跟进学、专题学、特色学等要求，建立巡听旁听制度，推动提升理论学习质量；及时发布《关于深入学习宣传贯彻习近平总书记在清华大学考察时重要讲话精神的决定》等学习通知或决定，举办干部学习班，组织主题党团日、学术论坛、座谈会、参观实践等学习研讨活动。

扎实开展"不忘初心、牢记使命"主题教育和党史学习教育。2019年，在持续推进"两学一做"学习教育常态化制度化基础上，深入开展"不忘初心、牢记使命"主题教育，制定实施方案、具体工作方案和指导文件，认真部署落实学习教育、调查研究、检视问题、整改落实四项重点措施，牢牢把握五个目标任务，明确"规定动作"和"自选动作"，组织开展集中学习研讨，召开警示教育大会，以全校 96 个处级以上领导班子、457 名处级以上党员领导干部为重点，辐射带动 1298 个党支部、27850 名党员积极投入。学校和二级单位两级班子累计完成 145 个调研课题，讲授专

题党课 652 场,召开专题民主生活会 87 场,检视出 1122 个问题并扎实做好专项整治工作。全校党支部组织党员深入开展志愿服务、为身边师生做好事做实事等活动 1418 次。

2021 年,党史学习教育覆盖全校、贯穿全年。组织召开动员大会和总结会议、五次全校集中辅导报告、多次联系指导组会等,在师生中广泛开展"百年接力,强国有我"和"永远跟党走"主题宣传教育活动,落实集中学习研讨、专题民主生活会、专题组织生活会、"永远跟党走"征文活动等安排。积极开展"我为群众办实事"实践活动,全校 104 个二级单位班子共完成调研课题 132 个,立足师生群众急难愁盼问题实施 41 项校级重点项目和 541 个二级单位项目。

突出规范性系统性,不断拓展理论学习平台载体和内容资源。实施《理论学习工作行动计划》,完善理论学习体系,成立习近平新时代中国特色社会主义思想研究院,设立学校党建和思想政治工作研究专项,推动党的创新理论入脑入心。制定《教职工政治理论学习实施办法》,上线运行学习台账管理系统,基本实现教职工理论学习全覆盖。开展学习贯彻党的十九大精神等征文活动,开办"唯真讲坛"系列理论宣讲活动。持续抓好学校理论宣讲团,设立重要政策解读专题组等,每年宣讲约 200 场,覆盖 5 万人次,并重视发挥好党校团校、博士生讲师团作用。在"学习强国"平台开通清华大学强国号,改版升级清华大学党建网,建强微党建、党建慕课、"清华思客"等各类学习平台,及时发放各类理论图书,编好用好《学习参考资料》并推出"第一议题"系列。落实党员教育规划,实施党员轮训,严格落实"三会一课"等基本制度,广泛开展联学共建和主题实践,举行师生联合主题党日。

## (二)立制尽责,提升学校综合治理能力

全面科学推进制度建设,健全中国特色现代大学制度体系。实施制度建设"十三五"规划以及包含 300 项具体建设指标的《清华大学制度体系架构设计方案》,修订《清华大学章程》,按时完成制度指标覆盖率

100%的建设目标,为学校治理体系和治理能力现代化建设夯实制度基础,被教育部选为全国法治工作先进典型高校。在此基础上,以完善学术评价制度体系、内部控制制度体系为突破口,以强化制度的执行力和制度文化建设为重点,制定学校制度建设"十四五"规划,将制度建设成效转化为治理效能,进一步提升学校依法治校和科学治理水平。

强化依法治校意识,广泛开展法治宣传教育。深入学习贯彻习近平法治思想,将制度建设与依法依规治校有机结合,成立习近平法治思想研究中心。举办国家宪法日普法宣传系列活动,组织实施"宪法卫士"行动计划,鼓励学生积极学宪法、讲宪法。在三八妇女节、3·15消费者权益日、4·15全民国家安全教育日、11·9消防宣传日、12·2安全交通日等重要时间节点集中开展专题法治宣传教育活动,通过法律知识讲解、发放宣传资料、解答法律咨询等方式,为全校师生答疑解惑、普及法律知识。

加强阵地建设和管理,落实意识形态工作责任制。构建上下贯通、左右协同、内外统筹、网上网下联动的"大宣传"工作格局,大力推动校园媒体融合发展,以高质量标准提升新闻舆论工作水平和成效。每年制定意识形态工作方案,组织开展自查自纠和重点检查。先后制定阵地管理、网络意识形态、会议活动管理、公共空间管理、网络信息内容管理、新闻发布、舆情应对等相关制度规定。管好办好报刊、网站、微信、微博等校园媒体,严格审核境外媒体来校采访申请,备案全校1400多个新媒体账号,常态化排查整治校园网络敏感信息。从教师聘用和课程开设,到教材编审选用、听课督导、论文审核,完善教育教学闭环式全程督查管理机制。明确对教师的思想政治要求,在教师聘任、考核、晋升、推优等环节注重把好思想政治关和师德师风关。

促建平安和谐校园,推进校园安全管理和综合治理。编制完成《2030校园总体规划》,全面落实"人文、绿色、开放、智慧"的理念,努力打造美丽校园、平安校园、健康校园、幸福校园。积极推进教室改造、校河治理及景观建设等项目实施,打造更多室内外交流活动空间,着力提升校园景观的文化内涵和育人功能。修订《校园综合治理工作考评办法》,加快实施平安校园提升工程,加强国家安全人民防线建设,强化师生国家安全意识。建设"平安清华""行在清华"微信公众号,多种形式开展宣传教育,积极排查各类不稳定因素,"三区"配合开展防范与处置,全方位促建校园安全文化。

### (三)价值引领,深化师生思想道德教育

充分发挥课堂教学主阵地作用。坚持价值塑造、能力培养、知识传授"三位一体"的教育理念,激励引导教师增强教书育人第一责任。坚持同向同行,加强思政课程和课程思政建设,推动习近平新时代中国特色社会主义思想进教材、进课堂、进头脑。坚持"八个相统一"要求,深化思政课改革,完善课程体系,把思政小课堂同社会大课堂紧密结合建好"大思政课",深入实施思政课教师队伍建设规划。推动课程思政建设与各专业培养方案改革的深度融合,健全"一院一策"课程思政体系。打造全方位导学思政工作体系,培育师生共进的导学文化。

积极发挥大党大国典礼和盛会的育人作用。2019年,在庆祝中华人民共和国成立70周年活动中,动员组织5400余名师生积极参与群众游行、广场联欢、广场景观与彩车设计、志愿服务等重大任务,其中3514名清华师生组建"伟大复兴"方阵,700余名师生加入"同心追梦""一国两制""人类命运共同体"等方阵。2021年,在庆祝中国共产党成立100周年工作中承担重要专项任务,全校1200余名师生以自强不息的精神克服困难,以精益求精的态度投入训练,高质量完成庆祝大会、文艺演出志愿服务等各项任务。1400余名师生参与北京冬奥会、冬残奥会服务保障工作。美术学院、建筑学院等发挥学科优势,牵头完成共和国勋章、友谊勋章、七一勋章以及国庆70周年天安门广场"红飘带"景观造型、中国共产党历史展览馆重要作品、冬奥会火炬台和首钢大跳台等多项重要设计创作任务。

持续加强学生思想政治教育。扎实做好"三全育人"综合改革试点

高校创建工作,构建协同推进思想政治工作的大格局。不断创新工作载体、方法和内容,分层分类开展教育引导,构建符合院系、书院特点的思想政治工作体系。以主题教育和社会实践为抓手,打造具有浸润式思政教育效果的生动课堂。以党建带团建促班建,加强对基层集体的支持力度,优化评奖评优机制。建设全方位全覆盖高质量的学生发展支持体系,进一步加强学生心理健康教育、学习发展支持和全球胜任力培养,加大奖励资助覆盖面和发展性资助力度。建设学生课外活动指导中心,强化学生社团协会育人作用,全面加强学生线上线下活动统筹管理和一站式服务。加强新媒体阵地建设,创新开展网络思政工作。持续举办升国旗仪式、国家公祭日祭奠、清明节祭扫,办好英雄文化讲坛、时事大讲堂、时代论坛等,组织"一二·九"系列活动和多种志愿服务,广泛开展爱国主义教育,深化社会公德、职业道德、家庭美德、个人品德建设。做好各类学生的职业发展指导,加强对重点领域和重点地域的人才输送,引导毕业生"立大志、入主流、上大舞台、干大事业"。

营造崇尚师德良好氛围。深入实施《建立健全师德建设长效机制实施意见》,充分发挥教师工作委员会、师德建设委员会的领导指导和党委教师工作部的统筹协调作用,成立教师发展中心、职工发展中心。制定实施《教师行为规范》《教师师德失范行为处理办法》等文件,发布《关于进一步加强和改进新时代师德师风建设的若干措施》,宣传贯彻落实教师职业道德十项准则,开展师德师风建设专项行动和专项巡视,完善师德师风建设长效机制,建立健全师德状况调研、师德重大问题报告和舆情快速反应机制。每年举办教师节庆祝大会,持续开展"弘扬爱国奋斗精神、建功立业新时代"活动,广泛选树"身边的榜样""大先生"并宣传其立德树人、科研创新的先进事迹。钱易院士家庭入选"首批教育世家",2个团队入选"全国高校黄大年式教师团队",在全校开展向国家最高科技奖获得者王大中同志学习活动。全面推进"新教师导引计划",设立师德和思想政治教育专题板块,举办"大学精神与文化"研讨班,引导教师把师德修养自觉纳入职业生涯规划、融入教书育人实践。

促建新时代良好学风。2019年,全面开展"学风建设年"工作,组织学风大讨论和工作调研,推进学术规范与学术道德教育。发布《关于加强新时代学风建设的若干意见》,明确"严谨、勤奋、求实、创新"的优良学风是立校之本。在新生入学教育中邀请校领导、学术委员会委员作学术成长、学术规范主题报告。修订《研究生学术道德规范手册》,上线研究生学术道德自学自测网站。面向全体在校研究生发布"三为四学五做"学风倡议书,号召"沐清华之风,做笃学之人"。发布《关于完善学术评价制度的若干意见》,严格按照"破五唯"相关要求,进一步完善学术评价机制和教师荣誉体系。

### (四)以文化人,涵育高雅文化优良品行

健全文化建设工作体系。先后成立文化建设委员会、文化建设办公室,落实《文化建设"十三五"规划》及19项重点任务,完成校史馆改造提升,全面推进图书馆馆藏资源数字化建设,艺术博物馆入选国家一级博物馆。提升校园空间的文化内涵,丰富文化资源和服务供给,推进文化设施数字化转型升级。制定院系基层文化建设指导意见,持续实施院系文化建设"五个一工程",协同推进学术文化、安全文化、廉洁文化建设,构建丰富多样的校园文化生态。2021年,编制《文化建设"十四五"规划》,进一步实施文化强校战略,从强化价值引领、推动文化治理、加强文化教育、促建人文校园、完善文化服务、增进文明互鉴、提升网络文化等方面进行部署,并制定30项行动计划。

弘扬清华光荣革命传统和优良文化传统。深入推进校史党史研究和宣传教育,加强对学校办学理念和优良传统的总结凝练,系统梳理阐述清华精神核心要义、清华文脉发展规律。加强档案史料、校园文物保护管理工作,开展清华史料与名人档案征集研究、口述史整理研究,向全球校友征集文物资料。新设"三院遗址·清华第一个中共支部诞生地"纪念物,修葺清华英烈碑并新编《清华英烈谱》,举办"清华大学优良学风档案史料展""共和国领袖与清华""'两弹一星'元勋中的清华人"等展

览。统筹推动学科、院系、部门发展史研究及编纂,实施"学科院系部门发展史编纂工程",出版《清华大学志》等校史系列图书和各院系"清华时间简史"丛书。组织跨学科力量专题研究中国大学文化发展史,比较分析世界知名大学文化建设及文化育人共性规律和个性特色。

充分挖掘利用校园红色文化资源。制定校园红色文化建设规划,修缮提升主题景观,推动打造"红色文化地标"。编辑《清华园中的红色风物》,建设红色文化专题网站,开发上线"清华大学校史党史资源特色库"。梳理一批红色风物资源,建设完成16个"沉浸式"校园宣讲站,开发4条参观宣讲路线,2021年开展104场红色讲解。以"党在清华园"为主题,举办"庆祝中国共产党成立100周年特展""清华大学党史档案文献史料展""清华大学藏马恩文献珍品展"等,并精选38个专题展览,以"清华党史历程和党史人物专题联展"形式巡展119场。举办"传承清华文化,寻访红色印记"系列主题教育展览与现场宣讲活动,并通过虚拟展示、云直播等多种形式提升影响力和覆盖面。

将体育、美育和劳动教育融入人才培养全过程。深化"五育并举",开展丰富多彩的文化艺术、体育和劳动教育活动。加强美育课程建设,丰富美育实践活动,进一步促进艺术与科学的融合。将艺术博物馆建设成"清华名片",大力引进高水平专业演出,丰富校园精神文化生活。原创话剧《马兰花开》成为师生入职入学教育"必修课",已累计完成19轮共计90场演出,覆盖观众超过12万人次。每年举办"世界读书日·师生共话读书"等活动,发布"水木书榜·清华学生喜爱的十本好书"和"清华大学荐读书目"等,组织"好读书"征文比赛,颁发"好读书"奖学金。建好学生艺术团、京昆艺术文化传承基地,举办"戏曲进校园——校园戏曲节"系列活动。举办迎新晚会、毕业晚会、新年晚会、艺术团专场等演出和校园歌手大赛、微电影大赛、原创剧本大赛,推进"音乐梦想计划",支持学生原创文化作品。坚持"育人至上,体魄与人格并重",完善体育教学模式,提高体育课程育人成效。弘扬"无体育,不清华"精神,推进与班集体、课题组相结合的体育俱乐部建设,举办"马约翰杯"学生田径运动会、"新生第一堂体育课",开展"班级体育大联盟"等群众体育活动。大力加强马克思主义劳动观教育,探索和完善各类劳动教育实践,在校园文化建设中强化劳动文化。

# 三、经验启示

## (一)坚持以党的全面领导为根本保证

抓好文明校园创建,首先要坚持党的全面领导。党的领导是办好中国特色社会主义大学的最大优势,也是推进文明校园创建的最大优势。高校党委要认真履行把方向、管大局、作决策、抓班子、带队伍、保落实的责任,切实强化党的建设和思想政治工作,以政治建设为统领带动精神文明建设工作提升,为文明校园创建工作提供根本保证。清华大学党委专门研究部署文明校园创建工作,全面加强研究规划、部署协调、推进落实和监督检查,建立党委统一领导、部门分工负责、全员联动参与的工作体系。每年制定工作方案,落实一批重点任务,组织交流总结研讨,推动文明校园创建工作不断迈上新台阶、取得新成效。

## (二)坚持以社会主义核心价值观为引领

抓好文明校园创建,必须坚持正确政治方向、工作导向和价值取向。高校要全面贯彻习近平新时代中国特色社会主义思想,积极培育和践行社会主义核心价值观,大力开展理想信念教育、爱国主义教育和思想道德建设,引导师生形成正确的世界观、人生观、价值观,把校园打造成师生共同的精神家园和弘扬主流价值的高地。清华大学坚持把社会主义核心价值观融入办学治校、教书育人全过程各方面,把弘扬社会主义核心价值观与强化价值塑造融通起来,通过课内课外、校内校外、网上网下等各类渠道和平台促进核心价值观入脑入心入行,大力涵育充盈清风正气、蓬勃朝气的校园环境,让清华园全面文明起来。

## （三）坚持以立德树人为根本任务

抓好文明校园创建，必须坚持把立德树人作为出发点和落脚点，深入贯彻党的教育方针，为培养社会主义建设者和接班人提供有力支撑和保障。高校要坚守为党育人、为国育才的初心使命，筑牢思想政治工作"生命线"，完善"三全育人"工作体系，全面加强师德师风建设和校风学风建设，充分发挥文明校园育人功能，着力提高人才自主培养能力和水平。清华大学传承弘扬爱国奉献、追求卓越的精神和又红又专、全面发展的培养特色，确立并积极践行价值塑造、能力培养、知识传授"三位一体"的教育理念，加强红色教育、赓续红色血脉，充分发挥以文化人、以文育人作用，把文明校园优势转化为人才培养优势，广育祖国和人民需要的各类人才。

## （四）坚持以品牌建设为抓手

抓好文明校园创建，必须坚持目标导向和问题导向，突出重点、点面结合，以品牌建设带动创建工作全面进步、全面过硬。高校要把文明校园创建标准和学校实际情况结合起来，创造性推出一批新项目、新活动、新计划，着力固根基、扬优势、补短板、强弱项，打造具有鲜明学校特色和风格的金名片，全面提升思想道德建设、领导班子建设、教师队伍建设、校园文化建设、优美环境建设和活动阵地建设水平。清华大学高度重视工作创新和精品培育，近年来积极开展学生因材施教培养支持计划、基层党组织建设提升年、学风建设年、师德师风建设专项行动、校园网络文化节、校园原创作品支持计划等多个系列化品牌化项目或活动，形成文明校园创建的显著亮点和鲜明特色。

## （五）坚持以激发师生主动性创造性为关键

抓好文明校园创建，必须坚持一切为了师生、紧紧依靠师生，让更多师生参与进来，把师生的点滴行动汇聚成创建的磅礴之力。高校要充分发挥师生在文明校园创建中的主体作用,把文明培育、文明实践和文明创建统筹起来,积极制定政策、搭建平台、营造氛围,引导激励师生把文明校园创建作为分内之事、应尽之责,在学习、工作和生活中明大德、守公德、严私德,不断提升道德水准和文明素养。清华大学坚持把文明校园创建融入师生思想和行为中,通过各类环境设计、宣传标识等提醒师生注意文明举止,倡导无烟行动、光盘行动、节能减排,组织师生积极参与无偿献血、校园讲解、义务劳动、科普宣讲等志愿服务和绿色大学建设,在文明实践中弘扬劳动精神和奉献精神,在清华园培育时代新风新貌。

(执笔人:李海明、任怀艺、覃川)

# 国际交流合作篇

# 打造培养世界优秀人才的国际交流平台

## ——苏世民书院实践案例分析

## 一、背景情况

清华大学苏世民学者项目是中美人文交流高层磋商联合的重要成果。2013年4月21日,清华大学苏世民学者项目启动仪式举行,国家主席习近平和时任美国总统奥巴马分别发来贺信。2015年10月,清华大学苏世民书院正式成立。2016年9月10日,苏世民书院首届开学典礼举行,习近平主席和奥巴马总统再次致信祝贺。

清华大学苏世民书院一直秉承"立足中国、面向世界"的原则,依托清华大学、整合全球一流教育资源,致力于培养深入了解中国与世界的未来全球领袖,打造独特的全球对话平台,努力成为促进中国和世界高等教育创新的先行者。

在社会各界和学校各方面的关心支持下,苏世民书院不断完善全球选拔招生体系,紧紧围绕全球事务、中国发展和领导力三大基石,创新人才培养模式,积极搭建国际交流对话平台,在教育教学植根中国社会的同时也注重提升多元化意识和跨文化沟通能力,注重社会服务渠道的拓展,在深度体验和有效实践中提升学生的领导能力。

## 二、主要做法

### (一)完善招生选拔体系,面向全球选拔优秀年青人

书院发挥多元化背景优势,与哈佛大学、耶鲁大学、牛津大学、剑桥

大学、北京大学、复旦大学等知名院校合作,通过其校长、教授推荐招收优秀学生。与共青团中央、全国学联、大型国企、全球500强企业、世界经济论坛、亚太经合组织和其他非营利性组织等合作,致力于多维度提升人才招募的精准度。充分利用校友网络,扩大招生宣传范围和能量,加大社交媒体宣传推广,加强与目标受众的沟通与交流。

截至目前书院已招收七届共934人,来自81个国家和地区,其学历背景涵盖全球337所大学,其中约20%来自中国(含港澳台地区),40%来自美国,40%来自世界其他国家或地区。随着校友群体的不断扩大,书院已在中国、美国、欧洲、东南亚等地建立11个校友城市分会,在全球范围促进国际合作,为增进世界各国人民福祉作出积极努力。

## (二)探索人才培养新模式,努力成为促进高等教育创新的先行者

制定灵活培养方案,满足多元背景的未来领袖培养目标。书院课程以中国视角与国际视角贯穿全程,重视交叉性课程体系及多元化视角,鼓励中国籍教师与外籍教师合作教学。为满足项目学生多样化发展需求,从2019—2020学年起,书院对项目的培养方案进行重大改革,在原有课程基础上构建中国发展、全球事务、领导力三个课程簇团,新增"全球事务""中国改革开放40年"作为必修核心课,并增设领导力课组替代原来单一的领导力必修课,设立了行业前沿、中国相关、全球事务相关等选修课组。同时,书院还设计了"中国社会调查""全球领导力实践"及实地考察、文化体验、研讨对话等课外培养环节,全面提升学生的综合素质和领导能力。积极探索融合式教学模式。2020年初新冠肺炎疫情突如其来,书院立即成立了应急教学工作组,并根据学生和教师分布在全球19个时区的特点,自主研发了一套在线教育方案,全力保障在线教学工作的高质量平稳运行。

建设高水平国际化师资队伍。面向全球选聘具备较高学术声望、国际影响力、业界同行公认的知名专家教授,组建高水平师资团队。同时,

积极邀请具备实践领导力的杰出行业领袖参与项目授课或讲座。针对教师背景多样化的特点设计教师培训机制,并与任课教授和教师不断交流探讨改进教学效果的各种方式。

建立教学保障机制,鼓励互动式与开放式教学。书院鼓励教师采取互动式与小班研讨相结合的教学方式,倡导主动式学习,提高学生对复杂问题的思辨能力。建立年度学术项目筹备讨论会机制,就培养方案、课程、教师聘用、教学评估等重要议题进行深入讨论。成立学术指导委员会,讨论与制定书院学术发展规划等重大事项。成立由来自哈佛大学、耶鲁大学、牛津大学等国际名校以及清华大学的一流教育专家组成的国际学术顾问委员会,定期围绕书院的人才培养、学术事务、招生选拔等各方面的具体问题展开深入讨论,为学院的改革发展提出意见建议。

### (三)引导帮助各国青年交流互鉴,深入了解中国

开展特色实践调研,实地感知真实中国。多年来,书院组织学生分小组先后前往西安、宝鸡、苏州、深圳、雄安新区、杭州、成都、厦门等中国具有代表性的城市或地区,从经济商业、社会发展、科学技术、文化历史和环境保护等方面对当地的政府部门、企事业单位、学校和农村等进行为期一周的调研学习,旨在帮助学生特别是国际学生全面地了解中国基层地区的各行业发展,客观地认识中国各个层面发展现状,深刻感受中国文化和中国特色社会主义道路的蓬勃生机。

课堂讲座讨论与课余文化探索相结合。书院积极开展北京及周边的文化探索、实地考察,邀请各领域的专家、学者或资深从业人士来书院和学生交流分享。2020年新冠肺炎疫情暴发以来,书院持续在线上举办26场有关中国历史、文化名胜、户籍制度、饮食等方面的专题讲座,帮助无法入境的国际学生感受中国文化。

组织学生活动,融入清华,参与共建校园文化。每年从书院全体学生中选举产生研究生会,由中外学生共同组织中秋节做月饼、春节写春联、文化古迹参观、中英双语讲解校史等多彩活动,积极参与学校男生

节、女生节、研究生运动会、"马约翰杯"体育赛事、"一二·九"歌咏比赛等校级活动,引导国际学生融入清华,推动建设国际化的校园文化。

## (四)搭建国际交流平台,携手为增进人类福祉作出努力

打造交流活动窗口,促进跨文化对话理解。书院举办高端讲座、学术对话、国际论坛等交流活动,推动中外师生深入研讨国际政治、经济、社会、文化、公共服务领域前沿话题,迄今已接待包括国务院原副总理刘延东、联合国常务副秘书长阿米娜·穆罕默德(Amina Mohamad)、美国前国务卿玛德琳·奥尔布赖特(Madeleine K. Albright)、智利共和国总统塞瓦斯蒂安·皮涅拉(Sebastián Piñera)等近500位国内外贵宾。

鼓励学生社会实践,培养公共服务精神和服务型领导力。苏世民书院旨在培养具有全球视野、致力于推动人类文明进步的未来领导者。这一使命定位要求学生在复杂多变的地区和世界格局中肩负重任,以实际行动产生积极的社会影响力。2019级的牧天野(Norman Mugisha)在校友的帮助下,为卢旺达基加利(Kigali)的165个弱势家庭组织了为期一周的食品供应,帮助解决这些家庭由于新冠肺炎疫情封锁而无法获得营养的问题。2017级的杨晨曦(Miranda Gottlieb)和浦马(Matthew Prusak)在美国得克萨斯州并肩作战,致力于提供更多的渠道让居民能够通过口腔试纸进行自我检测,截至2020年9月,已经为超过400万美国居民提供了测试。2020级的何流在疫情期间发起"光援计划",倡导捐赠闲置电子设备,帮助孩子们重启通向教室之门,到2020年9月共捐近400台电子设备。

搭建青年终身学习社区,在全球范围促进国际教育合作。书院每年聘请约100位来自金融、能源、科技、创业、国际组织、政府部门等方面的领军人物担任业界导师,为学生提供一对一的职业发展指导。截至目前,书院70%的毕业生选择直接就业,进入世界各地的公共部门、非政府组织、管理咨询、科技、能源、医疗健康等领域,20%的同学选择继续深造,其他同学选择自主创业。书院在中国、美国、欧洲、东南亚确定11个

校友枢纽城市,定期举办活动促进国际教育交流合作。

# 三、经 验 启 示

## (一) 坦诚相待、加强沟通,积极寻求共识

书院的运行需要与美国苏世民基金会合作开展。在国际宏观政治经济环境日趋复杂、因疫情导致双方无法开展线下交流的情况下,双方很容易在基本的教育理念、运行模式、管理机制等方面产生各种分歧或误解。因此,坦诚相待、加强沟通、寻求共识就成为比以往更加重要的工作。在全体员工的努力下,苏世民书院的中国同事与美国同事建立了多重沟通渠道,双方员工都拓展了多种有效的交流方式并积极参加对方员工的交流活动。在这个过程中,双方对项目的基本使命和运行模式形成了高度的共识,为项目的顺畅运行打下了坚实的基础。

## (二) 促进多元文化交流,不断拓展深度和广度

作为中美人文交流高层磋商的成果之一,苏世民书院在国际格局持续动荡的今天,更有责任承担起促进国际人文交流的重任。面对中西方观念与文化的差异以及校园与社会的文化异同,书院积极调动来自世界各国学生的积极性,鼓励大家"多想一点、多说一点、多做一点",加强彼此之间的互动,有针对性提升各国同学间的跨文化理解和沟通能力,着力培养具有宽广国际视野、优秀综合素质、卓越领导能力的跨文化创新性人才。

## (三) 既坚持原则又宽容灵活,持续完善书院运行机制

经过几年的实践探索,书院逐步摸索出一套适合书院模式的体制机制,以保障各方面工作的正常运行。新冠肺炎疫情的来临和世界格局的日趋动荡,也督促书院用更加坚定的立场和更加开放的胸襟来迎接各种

挑战。书院在日常管理中,在重大问题上始终明确地坚持原则,但在一般事情上持宽容态度与灵活处理方式。未来,苏世民书院要更加积极主动地推动组织变革、制定战略规划、实现教育创新,把苏世民学者项目打造成中国乃至世界最有影响力的国际学者项目之一,为国际社会准备了解中国的未来领导人才,同时努力将书院办成清华大学与世界相连的一个重要窗口,为构建人类命运共同体作出应有的贡献。

(执笔人:杜丽娅、薛澜)

# 打造高层次、国际化的顾问委员会
# 助力世界一流经济管理学院建设

——经管学院顾问委员会20多年的运行实践和探索

## 一、背 景 情 况

清华大学经济管理学院顾问委员会成立于2000年10月,是在时任清华大学经济管理学院院长、国务院总理朱镕基同志积极推动下成立的。顾问委员会委员大多是国际著名跨国公司首席执行官或董事长,也包括世界一流大学商学院院长、诺贝尔经济学奖获得者。

经管学院首任院长朱镕基担任顾问委员会名誉主席。顾问委员会现有63位委员,共64位成员。境外委员中有国际知名企业家48位,海外知名商学院院长5位、诺贝尔经济学奖获得者2位。

顾问委员会的使命是加强清华大学经济管理学院与外部各界的联系,提升学院在科研和教学方面的整体水平,帮助学院建设成为世界一流的经济管理学院。

每年顾问委员会会议期间,国家领导人都会亲切会见参会的海外委员和中国企业家委员。习近平总书记曾于2013年、2017年两次亲自现场接见参会委员,并发表重要讲话。2020年习近平总书记向会议作视频致辞,庆祝顾问委员会成立20周年。

历次年度会议,很多委员都会远道而来、如期赴会,讨论清华经管学院发展和所面临挑战,为学院战略性和方向性问题出谋划策,以极大的热情助力清华经管学院建设发展。2021年10月19日至20日,顾问委员会第22次会议在北京以线上线下相结合的方式举行。国家副主席王岐山以视频方式会见顾问委员会海外委员和中方企业家委员。共有41位委员参加了顾问委员会会议及相关活动,其中有34位海外委员线上出席。

顾问委员会年会召开前后,学院还举办清华管理全球论坛、圆桌论坛、顾问委员走进清华经管课堂以及学院学生走进顾问委员会企业等活动。这些活动不仅为顾问委员和学院师生校友提供了广泛、深入交流沟通的平台,而且使清华学生有机会近距离观察和学习全球顶级企业的发展之道。2019年开始,学院还举办顾问委员与中国企业家对话活动,使得中外企业家能够有机会齐聚一堂,就全球企业面临的重大问题进行讨论,大家的思想在交流中碰撞出智慧的火花。顾问委员会已成为国外优秀企业了解现代中国经济和管理教育的窗口,成为中外优秀企业家和中外经济管理教育交流的独特平台。

# 二、主 要 做 法

## (一)定期召开会议,为经管学院发展提供战略咨询

顾问委员会成立的初衷,是要加强经管学院与国内外知名企业的联系,听取企业家们关于管理教育发展的意见和建议,建设世界一流的经济管理学院。顾问委员会自成立以来,迄今为止已举行22次年度会议。每一次会议,都会事先确定若干个主题,委员们聚焦主题深入讨论,并提出有效解决方案。特别是在高级管理培训、师资队伍建设、学生培养、校友关系管理、教学创新、科研能力提升等方面,委员们贡献了诸多真知灼见,有效助力了学院的建设和发展。

**顾问委员会历次会议主题(2000—2021)**

| 编号 | 年份 | 会议主题 |
|---|---|---|
| 1 | 2000 | 1. 大学在高级管理培训和 E-Learning 中的作用<br>2. 学院发展愿景与未来建设 |
| 2 | 2001 | 1. 高级管理培训<br>2. 学院发展战略框架<br>3. 师资队伍建设 |
| 3 | 2002 | 1. 师资队伍建设<br>2. 相关资源筹集 |
| 4 | 2003 | 1. 顾问委员会章程讨论<br>2. 麦肯锡公司报告:清华经管学院重点发展战略<br>3. 中国与新世界经济<br>4. 建立清华经管学院可持续发展的筹资办公室 |
| 5 | 2004 | 1. 师资队伍建设:现状与设想<br>2. 中国与世界经济研究中心<br>3. 学院合作发展与资源筹集 |
| 6 | 2005 | 1. 师资队伍建设:进展<br>2. 现有研究中心的发展 |
| 7 | 2006 | 1. 如何获得中国经济管理经验<br>2. 师资建设与学生培养 |
| 8 | 2007 | 1. 独特的中国经验:高级经理人教育<br>2. 师资发展和财务可持续性 |
| 9 | 2008 | 修改顾问委员会章程 |
| 10 | 2009 | 1. 新版清华 MBA<br>2. 再造清华案例中心 |
| 11 | 2010 | 1. 本科教育改革<br>2. 创业教育 |
| 12 | 2011 | 1. 回顾<br>2. 当务之急 |
| 13 | 2012 | 1. 学院与大学融合<br>2. 校友关系管理 |
| 14 | 2013 | 1. 学院与大学融合:清华 X-lab<br>2. 基于新技术学习:在线教育 |
| 15 | 2014 | 麦肯锡:清华经管学院 2025 战略思考 |

续表

| 编号 | 年份 | 会议主题 |
|---|---|---|
| 16 | 2015 | 1. 基础设施建设：新经管教学楼<br>2. 创意创新创业教育：清华 x-空间 |
| 17 | 2016 | 1. 高管教育的机遇与挑战 |
| 18 | 2017 | 1. 教师队伍发展<br>2. 教师科研 |
| 19 | 2018 | 1. 国际开拓<br>2. 国内开拓 |
| 20 | 2019 | 教学创新 |
| 21 | 2020 | 本科教育改革 |
| 22 | 2021 | 提升科研影响力 |

## （二）举办清华管理全球论坛，邀请顾问委员分享高层管理智慧

自 2007 年至 2018 年，每年顾问委员会期间，经管学院都会举办清华管理全球论坛，邀请顾问委员会委员分享高层管理知识和经验。论坛上全球财经巨擘、学术大师和政府高层官员对中国与世界的经济和商业实践相关问题发表的真知灼见，成为深受经管学院师生、校友喜爱的知识盛宴，也受到媒体的广泛关注和报道。

## （三）开展"顾问委员走进经管课堂"系列活动，让顾问委员与学生深入交流

自 2013 年开始，经管学院举办"顾问委员走进经管课堂"系列活动，为顾问委员会委员创建一个与清华学生小范围、近距离的交流平台。截至 2019 年，共有 43 位委员走进 85 个课堂。课堂以学生为导向，课堂讨论的话题和委员授课的形式会根据学生的经历背景作有针对性的设计，最大程度贴合学生的需求。学生在课前也会对委员及课程做大量准备工作，在课上与委员作深入地探讨和交流。举办该项活动，一方面使学生有机会听取、交流和学习全球顶级企业的发展成功之道；另一方面，

顾问委员也能面对面地了解中国年轻一代最优秀学生的思想动态,从而加深对中国的了解,促进中外合作。

### （四）与顾问委员会企业合作开设课程,拓展学生视野

最新的企业管理知识往往来源于管理领先的企业。顾问委员企业发挥行业优势,帮助经管学院开设了很多合作课程,如麦肯锡公司为工商管理硕士开设的"麦肯锡全球领导力"课程、微软公司为工商管理硕士开设的"人工智能商业应用"、史带集团为硕士研究生开设的"金融实务课堂VII——清华史带投资实务课堂"、宝马公司为清华X-lab学生开设的"宝马IT Tech Office创新解决方案联合挑战实验室"。这些课程为学生引入了世界一流公司最先进的管理理念和行业知识,开拓了学生的视野。经管学院高管教育中心还与数字领域领先的顾问委员会企业合作培训项目,为中国企业培养数字化时代的领军管理人才。

### （五）组织"走进顾问委员会企业"系列活动,让学生了解行业实践

自2016年开始,经管学院每年组织"走进顾问委员会企业"系列活动。2016年、2017年,以北京地区为主,经管学院组织学生走进包括微软、壳牌石油、百威、宝马、IBM和可口可乐等在内的多家顾问委员会企业;2018年和2019年开始,经管学院带领学生走进粤港澳大湾区和长三角区域的顾问委员会企业,走访包括腾讯、沃尔玛、溢达集团、高盛、伟创力、苹果、百威、阿里巴巴、百事集团、塔塔科技和花旗银行等在内的多家企业。通过组织系列活动,让学生近距离了解领先企业的发展和经营之道,丰富了学生的知识维度。

### （六）与顾问委员会企业长期开展招聘合作,为学生创造就业创业机会

经管学院持续与麦肯锡、微软、苹果、高盛、安盛、花旗、腾讯、百度、

阿里等 30 余家顾问委员会企业在人才招聘方面加强合作,每年均有学生入职这些企业。2015 年,经管学院与安盛集团签署学生职业发展合作协议,为学生和校友在国际环境下提供更多实习、就业以及参与创新项目的机会。自 2017 年开始,每年在春秋两季的经管学院大型校园招聘会中,为顾问委员会企业设立招聘专区。此外,经管学院与多家顾问委员企业推动定向人才合作项目。

## (七)积极获取顾问委员会企业的支持,推进经管学院师资队伍建设、学术研究和学生工作

近年来,顾问委员会委员在帮助经管学院加强师资队伍建设方面起到了非常重要的作用。顾问委员会委员和企业出资支持经管学院聘请国际知名学者担任清华经管学院的讲席、特聘教授。目前学院讲席教授席位共 27 席,其中有 24 个席位为顾问委员会委员及其所属机构捐赠。顾问委员会委员和企业还出资在经管学院建立了中国金融研究中心、中国与世界经济研究中心、中国零售研究中心等研究机构,资助了公司治理研究中心、AXA 全球宏观经济风险管理研究、Inditex 可持续发展等项目。顾问委员会企业在经管学院设立格林伯格奖学金、可口可乐 MBA 海外学习奖学金,用于学生的全面发展。

# 三、经验启示

## (一)坚持高标准、高规格,为增进中外交流、加强对话合作发挥独特作用

顾问委员会得到了习近平总书记的亲切关怀和多位国家领导人的指导支持。经管学院首任院长、国务院原总理朱镕基长期以来始终关心着顾问委员会的发展,多次亲自出席会议、会见参会委员、发表重要讲话,并多次对顾问委员会相关工作作出重要批示。

经过多年的建设,顾问委员会不仅已成为促进经管学院发展、促进中国经济管理教育发展的重要平台,而且还在推动中外交流、增进共同利益等方面发挥了重要作用。国家领导人对经管学院顾问委员会的高度重视,也使顾问委员们深受鼓舞,让委员们对中国未来发展充满信心,对进一步扩大在华业务充满期待,并努力为中国教育事业和经济发展作出积极贡献。

## （二）坚持目标导向,将经管学院最迫切的发展需求作为举办顾问委员会的出点发和落脚点

顾问委员会每年议题的选取,都是从经管学院办学过程中所面临的问题以及痛点、难点出发,充分听取顾问委员意见和见解。每次顾问委员会结束,经管学院都会对顾问委员们提出的意见和建议进行认真梳理和研究,并在实际办学过程中应用落实、推动实践、解决问题,形成闭环。

如何有效开展教学创新是经管学院近年来发展过程中遇到的难点问题。因此,2019年学院将顾问委员会的主题确立为教学创新。在听取学院各教学项目的教学创新情况介绍后,围绕"为应对变化,学生需要具备哪些新素质"等问题,委员们针对性地给出"本科生的课表应该包括计算机科学和数据分析课程""要培养学生的科技胜任力"等明确建议。对此,经管学院给予了高度重视和积极采纳。2020年开始,经管学院与计算机系合作共同开设"计算机与金融双学位"本科项目,目标是培养通识基础上的兼具技术背景与管理能力的跨学科专业人才,当年即取得良好的招生效果。学院还在新的本科生教育方案中将开设新课组"计算智能与数据科学"纳入课程目录,这个课组与英语、数学并列为通识教育基础技能课,受到了学生们的广泛欢迎和认可。在2020年度顾问委员会上,学院汇报了包括"计算机与金融双学位"项目开设情况和本科生新培养方案的工作进展情况。委员们对相关做法表达了高度认可,同时建议学院要在人工智能和机器学习方面给学生提供更多机会。根据这些建议,学院推动相应工作,顾问委员会企业也给予有力支持。如微软公司

支持 MBA 学生的"人工智能商业应用",2019 年已开设首期课程,2020 年完成了第二期课程的升级。

### (三)坚持合作共赢,促进经管学院与顾问委员企业协同发展

经管学院始终与顾问委员企业保持着紧密的沟通与联系,即使是在顾问委员会休会期间也不中断。自 2018 年开始,在每年顾问委员会后,经管学院都会组织顾问委员企业座谈,并邀请企业高层代表参加。座谈会上,经管学院会详细介绍顾问委员会召开情况、学院发展概况、学院面临问题等,提出经管学院和顾问委员会企业可以合作的方向建议,并认真听取与会代表对继续办好顾问委员会会议的建议,了解顾问委员企业的诉求和建议。

经管学院院长办公室是学院负责与顾问委员会企业联系的归口管理部门,每年接待大量的委员来访和企业高层来访,随时了解顾问委员企业的合作需求,并对接给对应的教学项目和部门,定期收集合作进展情况,以促进顾问委员企业和学院的合作更深入、更广泛。每次顾问委员会召开期间,在学校两办、国际处指导下,由学院院长办公室牵头、抽调全院各相关部门业务骨干组成联合项目团队,承担起各项会务工作,保证历年会议高质量、高效率顺利举办。通过共同参与举办会议,经管学院学生职业发展中心、合作发展办公室等部门与顾问委员会企业增强了交流互信,发展了更为紧密的伙伴关系,也促进了多方面深层次的合作。

(执笔人:薛健、云涛、卫敏丽)

# 打造有全球影响力的国际论坛

## ——世界和平论坛的十年探索路

# 一、背 景 介 绍

世界和平论坛创建于 2012 年,由清华大学主办、清华大学国际关系研究院承办。时任国家副主席习近平出席首届世界和平论坛时将论坛定位为"高级别非官方国际安全论坛",这也是中国举办的第一个该类型论坛。其宗旨是为世界各国政策制定者和智库专家提供一个讨论国际安全问题的平台,就如何应对全球性或地区性的安全威胁、如何加强国际安全合作展开沟通和对话,讨论世界关切的重大议题,配合我国大国外交、周边外交,宣传我国安全主张,从而提高我国在国际安全问题上的话语权。

自创办以来,先后有 7 位我国国家领导人、近 20 位外国前政要出席世界和平论坛。论坛被报道量达到最高时,有 200 多家媒体和平台使用 32 种语言发表了 500 多篇相关报道。单届论坛的网络点击量最高达到 8 亿多次。2017 年,世界和平论坛作为重大外交成果被纳入"砥砺奋进的五年"大型成就展。2021 年,正值建党一百周年之际,在中国共产党历史展览馆的首展"'不忘初心、牢记使命'中国共产党历史展览"中,世界和平论坛作为"努力开创中国特色大国外交新局面"的部分成果在第四部分第一单元中展出。

随着百年变局与世纪疫情相互交织、逆全球化趋势日益凸显,国际格局发生深刻变化,国际共同安全秩序面临巨大不确定性。特别是近年来国际形势风云激荡的背景下,世界和平论坛始终坚持开放、包容、务实、创新的核心原则,世界影响力日益扩大,成为各国有识之士探讨国际安全形势、探寻破解安全难题的重要载体。在2021年举办的第九届世界和平论坛上,论坛促成了联合国五大常任理事国中俄罗斯、法国、英国驻华大使,中国前驻外大使及美国驻华使馆馆长(论坛举办期间美国驻华大使缺位)的坦诚对话。这是当前形势下在国际场合少有的以文明方式探讨争议问题和复杂问题的对话,让我们看到,在彼此联系的国际社会中,加强对话、彼此相助才能携手驶向光明未来。这也对扩大我校国际影响力、聚集国际社会的广泛共识具有重要的促进作用。

## 二、具体做法

### (一)立足非官方特色,服务国家主场外交

尽管世界和平论坛是非官方的国际安全公共论坛,但借助这一外交和安全领域的公共外交平台,向世界阐述和解释中国对外政策,以期促进外界对中国对外政策的理解,消弭外界对中国对外政策的误解,已经成为历届论坛的一项重要内容。同时,举办世界和平论坛最大的价值还在于中国由此提供了一个国际标准的安全论坛,向世界说明中国具有开放性和包容性,让人们体会到中国做事也同样符合国际化标准,让国际社会更全面地认识中国。

2012年,时任国家副主席习近平同志在第一届世界和平论坛的主旨演讲中提出:"一个国家要谋求自身发展,必须也让别人发展;要谋求自身安全,必须也让别人安全;要谋求自身过得好,必须也让别人过得好。"此外,时任国家副主席李源潮、国家副主席王岐山、时任国家副总理刘延东、国务委员杨洁篪、国务委员王毅等多位国家领导人都曾出席论坛并发表演讲。这些演讲可谓中国外交转型的先声和宣言,受到外界高度关注,在国际上产生极大影响。

## （二）创建高校背景的国际安全对话平台，深化国际、校际合作，扩大学校的国际影响力

为了拓展论坛议题的深度和广度，论坛的小组讨论分为专题性、地区性和全球性三类安全问题。在专题性问题上，论坛秘书处先后与俄罗斯莫斯科大学国际关系学系、日本贸易振兴机构、韩国高等教育财团、国际红十字会等组织了多个联合讨论小组，以探索高校与国际组织、外国智库开展合作的可行性和有效性。在地区性问题上，每年有近50多个国家的驻华使节出席论坛，他们十分注重与所属国相关的议题，其中大部分使节均会就区域发展开展深入讨论。在全球性问题的讨论上，论坛邀请具有相当影响力的大国或周边国家前政要，从宏观角度分析当前国际形势，对国际格局和国际规则的发展建言献策。

广泛合作与深度讨论使论坛和清华的国际影响力获得极大提升。2021年7月初举办的第九届世界和平论坛，共吸引来自70个国家的57位驻华使节踊跃参会。国际主流媒体如彭博社、路透社、《纽约时报》、《经济学人》、今日俄罗斯等都主动报名参会和报道线下活动。美联社、《人民日报》英文客户端、光明网英文版等中英文平台直播了论坛的相关活动，其中英文直播收看量达70万次。有关时任俄罗斯驻华大使杰尼索夫发言的各种报道点击量超过4.1亿次，点赞量超过50.3万次。得益于高质量的嘉宾发言，会后南非、土耳其、欧盟代表团等驻华使节纷纷来信高度肯定了论坛的意义和成果，俄罗斯外交部还在推特上点赞了论坛组织的联合国五常大使级讨论会的有关新闻。这也是截至2021年，论坛报道数量和质量最高的一次，彰显了论坛和清华的国际影响力。

## （三）鼓励学生参与，开拓学生的国际视野

为了增加学生们的参与感，培养具有国际视野的高水平人才，论坛秘书处在每年论坛筹备期间均会招募海内外高校的学生参与具体的筹备工作。他们大多是国际关系及外语相关专业的高年级学生，正处于职

业选择和人生规划的关键时期。论坛工作不仅使他们学有所用、增长见识,而且为他们未来走上相关的工作岗位提供了直接投入国际交流实践的机会。特别是论坛召开期间,他们需要与参会的数百位国内外嘉宾进行联络、沟通,并在会场提供一定的后勤保障服务,是论坛每年得以顺利召开的重要支持要素。

对实习生和志愿者的招募不局限于清华大学校内,论坛希望创造条件、提供机会,带动和促进更多高校学子参与其中,将他们的就业视野拓宽到广阔的国际平台,增强他们的国际交流能力。近年来,在世界和平论坛实习已经成为国际关系学科有志于从事对外交流工作的学子较为重视的实践活动。

### (四)创新会议形式,提升学校服务社会、促进国际交流的水平

顺势而生,因时而变。作为高校创办的国际论坛,面向社会、面向国际,积极争取支持,主动回应社会关切,也是世界和平论坛始终坚持的理念。

世界和平论坛每届有 20 个以上小组讨论,讨论议题几乎涵盖当前国际安全、国际政治领域的所有热点问题,包括一些不太受关注的议题,例如拉美、非洲问题。论坛也一直坚持为这些小众议题的研究者、关注者提供互相交流探讨的机会,特别是为那些在国际社会难有渠道发声的小国大使们,提供能让他们发出自己声音的平台。论坛不是只有思想层面的研讨,还关注时事热点,寻求解决路径;不是只注重大国诉求,而是注重包括中小国家在内的各方利益;不是为了激化分歧,而是为了凝聚共识合作共赢。

此外,论坛每年都会根据当年的嘉宾出席情况及议题热度,有针对性地调整论坛会议的组织形式。例如,受疫情影响的 2020 年,在国际交流往来不便、国内其他国际会议相继停办的背景下,世界和平论坛率先尝试举办了特别视频会议,国内外嘉宾均线上参加论坛活动,引领了世

界上大型国际论坛的走向。论坛秘书处克服了技术和时差带来的多重困难与挑战,首次举办线上视频会议产生的国内外影响超过预期,共计500多万人次观看了会议直播和录播,相关评论点击量超过1400万次。有国内观众在直播媒体留言说:"直播才是真实的,这能让我们了解外国政要和专家的真实想法。"

有了近10年线下会议的积累,结合2020年举办线上会议的先进经验,2021年,第九届世界和平论坛恢复线下会议的同时,部分场次通过网络直播形式面向社会大众,并且通过设置线上问答等方式扩大了国内外媒体和观众的参与度。

### (五)科学统筹规划,打造高效高质量的专业化组织团队

在论坛秘书长阎学通教授的带领下,世界和平论坛秘书处专职工作人员为3~4人,除了负责论坛的组织筹备工作,还需承担研究院的其他工作内容。在论坛筹备期间,从嘉宾邀请到与协作单位的沟通,从实习生的培训到参会确认的每个步骤,从校内外职能部门对接到与媒体单位的合作洽谈,每届论坛需要建立联络和反复沟通的中外嘉宾和工作人员达数百人。事项的细分与协调千头万绪,在不同工作内容间科学分工、妥善协调、高效执行是论坛秘书处工作人员的必备技能。专人专项、及时反馈、集中讨论、严格推进的机制化流程,也是论坛秘书处在筹备工作密集期保证工作质量的重要方法。

此外,论坛秘书处会根据工作需要调动研究院研究员及博士后人员投入相关的学术性较强的邀请工作。世界和平论坛不仅是外事国际会议,也是国际关系学科的重要学术领地,参会嘉宾除了外国前政要、中外智库负责人、有关职能单位领导,还有大量的国际关系学者、中青年学术骨干。既要突出会议的国际性和前沿性,又要在一定程度上促进学术发展,论坛秘书处在议题设计、嘉宾邀请上都会多方面考量,平衡各类议题的比重,充分发挥不同类型嘉宾的特长。

当然,筹备工作更离不开学校完备的后勤保障机制。在会议召开的

具体实施过程中,场地、网络、交通、宣传等工作需要学校多部门联动合作才能顺利展开。在两办的积极协调下,国际处、信息化技术中心、保卫处、宣传部、接待服务中心等部门与论坛秘书处保持点对点有效沟通、及时反馈,通力合作完成论坛的各项后勤保障工作。在长期工作中,论坛秘书处形成了灵活的应对机制和清晰畅通的沟通渠道,特别是在会议召开期间把握全局、关注细节,力求对随时出现的问题快速反应,积极解决,高质量保证会议的顺利进行。

# 三、经验启示

## （一）秉持开放包容理念,凝聚共识促进合作

十年间,世界和平论坛栉风沐雨、砥砺前行,经历了从无到有、由弱到强,知名度不断提高,影响力不断拓展,秉持"各美其美,美人之美,美美与共,天下大同"理念,以开放的心态积极回答时代之问,见证了共识的凝聚与合作的深化。

在论坛倡导的开放包容的讨论环境下,不空谈、讨论实质性问题的风格在论坛讨论中广泛体现,这也是世界和平论坛在目前国际安全领域具有较高知名度的重要经验。世界和平论坛还是世界上唯一的由发展中国家主办的有全球性影响的国际安全论坛,论坛注重突出发展中国家主办的特色。会场上,众多的非洲面孔、南亚面孔和中东面孔以及难得的南太岛国面孔,成为"中国朋友遍天下"的无声却有力的诠释与展示。

## （二）发挥高校智库作用,积极开展探索实践

世界和平论坛的举办始终依托国际关系研究院的研究基础与发展脉络,有效地配合了我国的外交政策与实践,在国际安全与世界秩序问题上传递了中国声音,展现了中国爱好和平的形象,宣介了我国为世界和平发展事业贡献的中国智慧和中国方案,发挥了高校智库进行公共外

交的积极作用。

也正是在国际关系研究院作为智库的实践探索中,世界和平论坛能紧扣和平与发展的时代主题,直面全球动荡、挑战与热点问题,强化对话协商与和平方式才是解决国家间分歧与争端之正道的理念。论坛展示了中国对世界和平的信念与坚守,诠释了我国的安全观、新型国际关系框架、人类命运共同体的理念及其时代意义。

### (三)牢固树立使命意识,勇担高校时代职责

"高校肩负着人才培养、科学研究、社会服务、文化传承创新、国际交流合作的重要使命。"国际交流合作作为五项使命之一,是我国高等教育与教育对外开放发展规律性认识的重大理论创新,是新时期党中央对高校使命的重要论述,体现了党中央统揽全局、在国际化格局下推进高等教育改革的战略思维。

在这样的时代要求下,面对世界百年未有之大变局,如何继往开来,在不确定性中促进国际安全对话、增进彼此了解互信、推动思想观念创新、谋求和平与发展的共识,这是世界和平论坛理应承担的重要使命,也是我校充分发挥专业性与前沿性特点,从促进国际交流合作的角度推进世界一流高校建设的创新实践。世界和平论坛将在未来的发展中继续积极探索、保持特色。聚焦世界和平论坛,清华大学将让世界听到全球化浪潮中的中国之声。

(执笔人:常洁)

# 提升国际化能力
# 促进内涵式发展

——以清华大学"国际化能力提升计划"为例

## 一、背景情况

党的十八大以来,清华大学继承和发扬开放办学的优良传统,坚持以开放带改革、以改革促发展,坚决破除制约办学的各种体制机制弊端,建立完善中国特色的现代大学制度和治理体系,探索扎根中国大地建设世界一流大学的路径,为完善和发展中国特色高等教育制度先行先试、探索规律。

2016年4月,习近平总书记在致清华大学建校105周年的贺信中,明确要求清华大学要"面向世界、勇于进取,树立自信、保持特色"。2016年7月,清华大学颁布实施历史上第一个全球战略。2017年,学校又迅速推出"国际化能力提升计划"(以下简称"2020计划"),以中外师生的在地国际化体验为抓手,在厚植本土历史文化的基础上,全面提升在地国际化能力,营建国际化校园环境,提升办学格局和视野,努力建设更开放、更融合、更具韧性的大学。

## 二、具体做法

### (一)统一思想,全校动员

为使全校在国际化能力提升问题上更好地统一思想,学校成立由主管副校长担任组长、主管学生工作党委副书记任副组长,20余个职能部门负责人共同参与的2020计划领导小组。从2017年至2020年三年来,领导小组先后召集21次工作推进会,坚持问题导向,列出任务清单,将学校顶层设计与师生建议相结合,逐项推进落实并建立长效机制。校领导每年听取牵头单位国际合作与交流处(以下简称国际处)和各单位的2020计划进展汇报,并且定期与国际师生员工座谈,指导和推进2020计划实施。

三年来,2020计划由全校70余个部处、院系及学术单位广泛参与,一共落实了603项具体任务。在学校统一领导下,经过全校师生持之以恒的努力,提升学校国际化能力的理念全方位融入学校的改革与发展,开创了学校层面统筹设计、各部处分工合作、以院系和师生为主体、全校凝聚共识、协同联动的良好局面。

### (二)问题导向,目标管理

2020计划实施的突出特征是清晰的问题导向。2017年11月30日,校长邱勇召开国际学生座谈会,听取对学校国际化工作的意见建议。国际处国际学生学者中心通过国际学生协会、国别联谊会等渠道面向近300名国际师生收集到230余条问题和建议。这些建议客观地反映了当前学校一流大学建设所面临的国际化能力不足的问题,具体包括国际化基础较为薄弱、国际化管理服务水平偏低、信息网络化建设落后、不能很好地满足师生们的需求等。2020计划任务即是围绕这些具体的问题和建议展开。

2020计划采用目标管理(Management by Objective,MBO)这一全校共创的参与式管理模式。第一,明确目标。2020计划以各单位自主设置任务的方式,引导各单位因地制宜地、脚踏实地明确目标。各单位需要确定国际化能力建设的优先重点任务,进而设置2020计划清单和申请学校资助2020计划重点项目。第二,协商决策。2020计划构成了学校与各单位上下协商决策实施方案的过程。2020计划的综合目标和细化任务清单将国际化能力逐级细化为二级单位及其内部组织的分项目标,包括落实到各单位外事工作岗位和国际事务相关岗位工作人员的个人工作目标之中。第三,设置时限。2020计划设置了部处的三年任务目标和院系的一年任务目标。除因新冠肺炎疫情导致个别出入境任务无法按时完成之外,2020计划其他任务按时顺利完成,实现了各单位国际化能力的有效提升。第四,开展绩效评估。2020计划形成了单位自评与互评、师生评估、专家评估以及学校综合评估五类评估方式,为计划的有效实施创造了激励性的工作环境。

### (三) 信息共享,强化沟通

推进2020计划实施的一项重要机制,是增强学校各层级以及各单位的信息共享和沟通。2018年和2019年,2020计划包括由各部处分别完成的57项和59项任务。在2020年邀请院系加入后,2020计划共完成了400余项任务。2020计划协调和支持这些任务实施的重要方式是对2020计划的指导与管控(纵向沟通)以及各单位的横向交流和配合(横向沟通)。

2020计划的纵向沟通包括四类主要机制:一是学校领导层自上而下的指导与参与。2020计划是国际合作与交流领导小组工作会议的常设议题。在年度国际合作与交流暨港澳台工作会议上,2020计划执行的优秀部处和院系代表会应邀在全校层面进行经验分享。二是建设任务信息资料库。2020计划资料包括600多项任务清单和任务申请书、阶段总结报告和结项总结报告,支撑学校层面对2020计划的整体管理与决策。三是设立专项经费支持。2020计划设有专项任务经费,这不仅增加了学校在国际化办学方面的投入,且每次围绕2020计划预算申请和实施评估的相关工作,推动了各单位与学校沟通国际化能力提升的优先和重点问题。四是完善规章制度。2020计划促进制定并颁布实施了一系列管理和规范学校国际化办学的制度,包括《关于完善国际学生工作体系的若干意见》《本科国际招生综合评审工作手册》等,进一步规范了学校国际化办学的目标、过程和程序。

在横向沟通方面,2020计划加强了院系部处间跨单位协作解决国际化工作中的重点和难点问题,并且加强了跨单位的国际化能力提升经验交流。2020计划主要实施了四类横向沟通建设(见图1)。

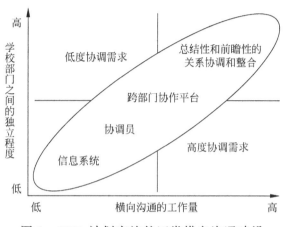

图1 2020计划实施的四类横向沟通建设

第一,加强信息系统建设。2020计划主要通过以国际处工作组为枢纽建设的多个微信群、邮件列表、工作例会和微信公众号等来进行信息沟通和共享。为进一步提高工作效率,国际处正在建设国际化能力提升外事信息管理系统。第二,加强协调员和临时性任务组建设。2020计划多项任务是在两个或多个部门协同下完成的,比如2018年,财务处、教务处、研究生院和国际学生学者中心四家单位通力协作,共同建设"国际学生线上交费通道-国际化账单式缴费平台";2019年,保卫处与国际学生学者中心及院系学生部门联合举办多种国际学生安全教育活动,取得较好的效果。第三,加强跨部门协作长效机制建设。2020计划推动搭建多个具有长效机制的跨部门协作平台,例如以国际学生学者中心为枢纽的国际学生学者管理与服务平台、全球胜任力培训体系、外事工作系统、国际学生教务工作体系以及海外宣传工作体系。第四,加强总结和反思。2020计划任务设置和专项经费任务管理推动各单位思考单位国际化工作经验和需求,为学校双一流建设阶段性总结、"十四五"

规划、2030全球战略提供了政策经验和实证支持。

# 三、经验启示

回眸三年发展,清华大学在执行2020计划过程中将理念、战略部署与行动落实紧密结合,用行动讲述中国高等教育发展中的清华故事,促进了学校内涵式发展,为中国高等教育发展做出了有益的探索,也形成了一些卓有成效的做法和经验。

## (一)凝聚共识,形成全校提升国际化能力的共识

实施2020计划的过程,也是在全校范围提升国际化办学意识的过程。2020计划与整体学校层面以及院系部处层面的多种计划和规划形成了互动交流,推动院系部处主动把握学校国际化的办学脉搏。部处和院系及师生广泛参与、积极配合,对学校国际化建设达成了普遍共识,开拓了一个全体动员、以人为本、以问题为导向、以互动为关键的创新工作模式。

在理念上,2020计划创新阐释了"学校国际化能力",将其聚焦为校园的"在地国际化"建设,从而全面提升从国际师生到全体师生的国际化校园体验,同时也促进全校各个部处和院系持续思考"国际化"在世界一流大学建设中的意义和作用、性质和表现,从而将全球战略的宏观愿景落实到办学治校的日常工作,将战略目标转化为问题解决的具体行动任务并逐一完成。

## (二)专项管理,以工程管理系统思维把握计划航向

2020计划需要强有力的组织保障。学校进一步加强对国际合作交流工作的顶层设计、总体布局,成立校长、书记任双组长的教育对外开放领导小组,对国际处(港澳台办)、统战部、学生部、研工部、教务处、研究生院职责均做了相应调整,进一步强化对学校涉外工作的统筹协调、师

生员工涉外事务归口管理与服务职责。同时,校领导高度重视、深度参与和系统指导,每年听取国际处和各单位的2020计划进展汇报,并且直接与国际师生员工座谈,带领学校各单位就如何提升学校国际化办学能力进行讨论,共同谋划学校的国际化办学。

2020计划的执行全过程是工程管理系统思维的体现,从问题收集、决策沟通、关系协调再到最后信息系统的构建,都体现出专业性的项目管理特色。2020计划经验显示,大学应对国际化办学这类模糊性和挑战性问题,需要以实证为依托进行决策,进而在多样化实践的基础上形成问题共识,进行有计划、有步骤的组织协调,增强学校内部之间以及学校与外部环境之间的信息交流互动,促进持续学习、知识积累、分享和管理。

### (三)统筹协调,部处院系细化工作方案逐项落实

2020计划先后动员全校行政和学术单位加入,实施机关、后勤、外事、学生队伍、宣传队伍等近400人参加了相关工作,形成了全校上下齐心协力"拧成一股绳",共同推动学校国际化能力建设的新局面。

各项工作任务先由各主责单位在自我反思和自我设计的基础上提出和实施,又在国际处的协调下由学校整体统筹和分类分层支持,形成业务战略与部门战略纵横交织的联动治理新模式。

### (四)趋同管理,创新提升国际化办学能力

实施全球战略、建设全球顶尖大学,是清华大学在新时期加快世界一流大学建设的重要战略举措。在坚持"世界一流、中国特色、清华风格"的指导思想下,为了进一步改革国际学生学者服务与管理体制,清华大学于2016年在原外国留学生工作办公室的基础上设立国际学生学者中心。国际学生学者中心是推动国际学生趋同管理与针对性服务机制改革的首次尝试,旨在为国际学生学者提供国际化的行政管理与一体化服务,全面提升国际学生学者在校的工作、学习和生活体验质量,构建多

元文化和谐共生的国际化校园,加深国际学生学者对中国文化和清华精神的理解与认同,促进中外学生学者的交流融合。

在实施 2020 计划的过程中,学校充分发挥国际学生学者中心的优势,在 2020 计划的统筹引导下,以国际学生学者在校体验为抓手,制定针对性强、操作性强、效果显著的多项举措,切实改善国际学生学者校园生活体验。该计划也增强了共同体意识,提升了国际学生学者归属感和融入感,形成了多元文化交流融合的校园生态。

(执笔人:钟周、杨庆梅、肖茜)

# 服务与保障篇

# 优化职能　理清职责　完善流程

——通过校机关机构改革提高服务效率和运行效能

## 一、背景情况

进入新时代,党和国家事业发展对高等教育的需要,对科学知识和优秀人才的需要,比以往任何时候都更为迫切,完善现代大学治理体系成为中国高等教育发展的内在要求。教育部《关于深化教育体制机制改革的意见》指出,当前我国教育改革发展已进入一个新的阶段,要系统推进育人方式、办学模式、管理体制、保障机制改革。清华大学于2014年启动综合改革,力图解决制约学校发展的一系列深层次矛盾和问题,充分激发办学活力,校机关机构改革(行政管理改革)是其中非常重要的一项内容。

学校自1998年校机关机构改革以来,形成了具有清华特色的行政管理文化及管理模式,为一流大学建设提供了良好的支持。随着学校的发展和内外部环境的变化,校机关机构设置和职能配置逐渐不能完全满足学校改革发展的需要,管理运行的协调性、有效性有待进一步增强,管理服务的规范化、信息化水平有待进一步提高。为推进学校各项事业高质量发展,清华大学自2018年起全面启动校机关机构改革,旨在优化职能、理清职责、完善流程,完善内部治理体系和支撑服务模式,为扎根中国大地建设世界一流大学提供有力支撑。

## 二、主要做法

### (一) 系统查找问题，提出改革思路

校机关机构改革不仅是学校综合改革的重要组成部分，也是完善现代大学治理体系的题中之义。学校对构成大学治理体系的关系、价值、组织、制度和运行五大体系进行逐一梳理分析，查找问题和改革要点，形成了本次改革的思路和主要方案。

具体而言，从关系体系（利益相关者）出发进行梳理，聚焦与机构发生关系的角色对象，发现工作流程不够清晰、服务不够到位、文化建设缺乏主责单位等问题。从制度体系角度，通过对学校章程及工作事项中的制度依据进行梳理，发现制度不够完备、制度修改滞后、责任主体不明确等问题。从组织体系（机构）角度，以机构职责为突破口，通过梳理党政职能部门（以下简称部门）职责、科室职责并调研利益相关者，发现存在各部门分块管理、缺乏资源统筹问题。从运行体系角度，基于工作事项梳理、利益相关者调研，发现大量工作缺乏信息化支撑、部门之间工作存在重叠交叉等问题。基于上述分析和价值体系，形成改革的主要思路，即重点解决机构完整性、职能重复设置、部门间协调性、机构运行监督和动态优化机制这五大类问题。

### (二) 科学设计结构，优化机构设置

校机关机构改革的主要对象为学校党政职能部门和校级领导小组、委员会等议事协调机构。前者是本次改革的重中之重，采用自上而下和自下而上并行的方式推进改革。通过梳理学校现有组织结构并对照高校肩负的五项重要使命——人才培养、科学研究、社会服务、文化传承创新、国际交流合作，补充机构职能缺项，对职能存在重叠和交叉情况的机构进行整合，这是自上而下的职能调整。同步制作校机关各部门工作职

责梳理表,梳理部门、科室及岗位职能,明晰责权,通过数据分析,进行自下而上的职能调研与归类。最后,聚焦管理服务对象,确立三条统筹优化机构的原则:针对某一类关系对象的管理与服务部门应相对集中,分工明确,以促进管理服务的精准化;面向多种关系提供管理与服务的部门,业务应尽量集中,以提高管理服务的效率及公共服务的效能;对于跨部门事项,优先通过议事协调机构解决,一般不单设实体的协调机构。

经过改革,校机关的部门数量由39个精简为33个。举例而言,新组建文化建设办公室、法治与法务办公室、终身教育处等3个部门;将校友工作办公室、技术转移研究院、档案馆、校史馆、教育基金会、智库中心6个单位剥离校机关;调整优化教务处、研究生院、科研院等13个部门职能;调整招生办公室(本科)、会计核算中心、学生职业发展指导中心等5个挂靠机构的挂靠关系;将原教学研究与培训中心的教师培训职责划入教师发展中心,强化教师培训发展事务的统筹管理;组建国内合作办公室,进一步整合学校与国内各类校外机构开展全面合作的统筹协调职责;优化学生工作系统的职责分工,进一步推动群团组织完善管理模式。

对于校级领导小组、委员会等议事协调机构,明确对职能相近的机构进行合并或撤销,优化决策机制,提高决策效率。本次改革全面梳理了校级领导小组、委员会职责,明确专项工作领导小组和专门委员会等议事协调机构的职能定位,充分发挥其在统筹协调和整体推进等方面的重要作用,提高议事协调效率。经过改革,校级领导小组、委员会数量由81个调整合并为71个。

### (三)编制三定方案,规范机构管理

针对机构改革方案涉及的机构调整和职责优化,编制校机关33个部门的《职能配置和内设机构规定》(以下简称"三定方案")。三定方案全本共7.3万余字,明确了各部门的总体定位、核心职责、改革与发展思路、与有关部门的职责分工、内设机构及其职责、岗位规模等,为校机关

各项管理运行提供了基础的制度依据,为现代大学治理体系的完善提供了重要的制度保障。针对机关职能部门的共性职责,出台《校机关职能部门通用职责规定》,与三定方案共同构成较为完备的机关职能配置规定。

同时,进一步研究制定机构管理制度和协调机制。科学划分学校机构类别,界定机构间挂靠、合署、直属、附属等隶属关系,建立机构管理数据库。明确机构设置与调整的原则、标准和程序,依法依规管理各类组织机构。完善机构考核办法,促进机构运行有效性、效率和效能的提升。建立机构常态化动态调整机制,根据内外部环境变化并结合学校管理运行实际,定期对学校的关系体系、价值体系、制度体系、组织体系、运行体系进行梳理和评估,及时调整,持续完善。

### (四)完善工作流程,优化运行模式

一方面,以信息技术为手段,精简审批环节,优化工作流程,为师生提供便利。例如,财务处上线校内转账系统,优化简化报销流程,实现电子发票的无纸化报销,试剂材料、差旅、办公用品和物流服务的统一结算等。实验室处简化化学试剂的购买流程,升级管理信息系统,实现库房试剂采购全部统一结算。以"数据多跑路、师生少跑腿"为目标,建设在线服务系统(Tsinghua OS)并于2018年9月投入运行,共上线服务流程108项,完成在线事项办理450万项。2021年,通过在线服务有力支撑了疫情防控和在线教学工作的开展,推进了跨部门办事事项的整合和流程优化。

另一方面,优化管理服务模式,提高服务意识和服务效率。全面实施"首问责任制",发布《校机关落实"首问责任制"实施办法(试行)》,明确首问责任人职责及相关工作流程。修订校机关服务公约,以"爱岗敬业、优质服务、坚持原则、育人为本"为核心,形成64字服务公约,制作统一标牌,张贴在各部门。设立作风监督电话和邮箱,落实"接诉即办"机制。在党办校办、人事处等部门设置集成多项业务的"一站式"办事大厅

或综合服务台,在全校公共区域布置 22 台财务报销自助投递机,最大限度方便师生办事。

### (五)及时评估成效,持续深化改革

为确保机构改革取得实效,2020 年 10 月,学校启动校机关机构改革与职工队伍改革"回头看"工作,成立改革评估组,分析研判改革目标是否达成、深入调查运行机制是否顺畅。组织召开 11 场座谈会,座谈对象覆盖近百人,包括校机关部门负责人、校机关职工、教师、二级单位(不含校机关部门)分管领导和职工、本科生、研究生等各类师生员工群体,还选取部分校机关部门开展一对一重点访谈。调研结果显示,本次机构改革对完善学校管理服务体系、提升学校内部治理能力的作用得到了较大认可。

同时,"回头看"工作也梳理出改革后还存在的如校机关部门之间工作协同的效率有待提高等问题。学校持续深化机构改革,把推动管理重心下移和提高管理服务水平纳入"十四五"规划,并结合巡视整改工作进一步推动跨部门复杂业务流程的优化,不断提升学校治理体系和治理能力现代化水平。

# 三、经 验 启 示

## (一)基于大学治理框架,增强改革的系统性、整体性和协同性

校机关机构改革,不是简单的机构增减,而是关乎学校整体管理运行体系的问题。要在大学治理的框架下,从理顺内外部关系出发,系统审视价值体系、制度体系、组织体系、运行体系及其相互关系,基于对内外部环境和国家政策的分析,广泛调研分析,多方征求意见,系统梳理校机关各部门的部门职责、内设机构职责及工作事项。对于不同类型的机

构,要基于学校整体组织架构,系统思考、优化调整,对校机关各部门及其相关机构进行分类指导,使改革既具有整体性,又具有针对性。

### (二)充分调研凝聚共识,为改革的平稳推进打下扎实基础

充分的调研分析和意见征求,能够为改革方案的制定提供充分依据,并在校内广泛凝聚改革共识。本次校机关机构改革方案,基于对校机关所有部门的工作职责、工作事项、制度依据、部门间业务关系等的详细梳理得出,耗时9个多月,覆盖50余个部门,共梳理出320余条部门职责、2000余条科室职责和5200余个工作事项。在改革前期,进行校机关部门和院系走访,讨论工作"痛点",征求意见建议,汇总共性意见。改革方案出台后,与各部门逐一沟通,并召开50余场专家咨询会、专题研讨会、专项通报会等,覆盖所有校领导、校机关部门负责人、院系负责人和校机关全体工作人员,使校内对本轮改革的理念、方案、做法达成充分共识,为改革的平稳推进奠定良好基础。

### (三)多措并举推动改革,提升运行有效性、效率和效能

改革必须坚持以人为本,要强化服务意识、改善服务质量,多措并举提高师生员工的满意度。一是通过对校机关各部门职责的梳理与优化,建立各部门职责与年度工作计划、预算、考核相衔接的工作机制,提升运行有效性。二是建立"首问负责制"等工作机制,针对教师、职工、学生的不同发展需要,为师生员工搭建线上线下各类公共服务平台,并利用信息化手段提高校机关的办事效率。三是以服务对象为中心,通过制度化手段明确校机关各部门间的配合关系,优化各部门内设机构的设置及职责分工,针对跨部门、长流程、多角色的复杂业务建立协同工作机制,提高整体工作的效能。

(执笔人:蔡思翌、许雪菲、孙炘)

# 从"立规矩"到"见成效"

## ——推进内控建设、提升治理效能的实践与启示

## 一、背景情况

党的十八大提出要"健全权力运行制约和监督体系"。党的十八届三中全会明确提出"财政是国家治理的基础和重要支柱"。党的十九届四中全会对坚持和完善中国特色社会主义制度、推进国家治理体系和治理能力现代化作出全面部署。内部控制是保障组织权力规范有序、科学高效运行的有效手段。党的十八大以来,财政部陆续出台《行政事业单位内部控制规范(试行)》《关于全面推进行政事业单位内部控制建设的指导意见》等一系列制度文件,为全面推进行政事业单位内部控制建设指明了方向。高校作为行政事业单位的重要组成部分,推动和加强内部控制建设工作,对完善大学治理体系、提升现代化治理能力、推动高质量发展具有非常重要的现实意义。

2016年4月,教育部出台《直属高校经济活动内部控制指南(试行)》,为推动高校进一步完善内部控制、提高内部管理水平提供指导。6月,财政部颁布《关于开展行政事业单位内部控制基础性评价工作的通知》,强调以量化评价为导向,开展单位内部控制基础性评价工作。为深入贯彻落实教育部、财政部等上级部门的工作部署,2016年,清华大学紧密围绕学校办学目标和事业发展规划,启动"以评促建"的内部控制(以下简称内控)建设,旨在进一步推进全面从严治党、促进学校治理体系建设,提升学校治理效能。学校通过建立健全制度体系,规范各类经

济活动和业务活动,不断加强对权力运行的制约和监督,逐步推动内控建设从"立规矩""优流程""抓整改"到"见成效"。

# 二、主要做法

## (一)统一部署,稳步推进内控建设全覆盖

内控建设是一项持续性、系统性的工作。清华大学二级单位较多,附属机构分布较为分散,制定科学合理的内控建设方案是全面、有效推进内控建设的基础。学校党委高度重视,对内控建设工作进行统一部署,明确内控建设总目标,成立以校长为组长的内控建设领导小组,以及以主管财务工作的副校长为组长,纪委办公室、监察室、审计室、资产管理处、实验室管理处、科研院、信息化工作办公室、财务处等部门为成员单位的内控建设工作小组。建立分工明确、有效协同的内控建设联席工作机制,定期召开工作会议,研究制定工作方案、缺陷整改方案,形成领导小组负总责、分管领导具体负责、牵头部门组织协调、主责部门贯彻落实的工作格局。

"清华的机构设在哪里,内部控制建设就做到哪里",这是清华大学内控建设的总体要求。学校通过引入第三方专业咨询服务机构,结合学校实际情况,按照大学层面(含机关部处)、二级法人单位、二级非法人单位,分阶段、分层级、分步骤稳步推进内控建设。2017年4月,完成大学层面内控评价;2017—2018年,完成二级法人单位内控评价;2019年,率先在全国高校范围内开展二级非法人单位内控评价。经过几年的努力,截至2021年底,学校实现内控建设全覆盖的建设目标。

## (二)改革创新,拓展高校内控建设新领域

《财政部关于全面推进行政事业单位内部控制建设的指导意见》提出,内控建设的总体目标要逐步将控制对象从经济活动拓展到全部业务

活动和内部权力运行。高校肩负着人才培养、科学研究、社会服务、文化传承创新和国际交流合作的重要职能,如何将内控建设融入高校"五大"基本职能实现的各领域、各环节、各方面,是内控建设在新的发展阶段面临的新挑战。清华大学在完成前两个阶段内控评价的基础上,从2019年起着手开展校内非法人单位内控建设,在全国高校率先将内控建设从经济活动领域拓展到非经济活动领域。学校立足变局、开创新局,深入院系调研,组织研究讨论,多方征求意见,不断优化方案,系统梳理并最终确定学科布局、科研机构管理、教学研究与评估、教学运行管理、本科生教育、研究生教育、实验室管理、安全管理、学生资助体系管理、学生活动管理十大非经济业务评价领域。2020年1月,召开校内二级单位内控工作布置会议,时任校党委书记陈旭同志作讲话,要求院系高度重视,"党政同责",将内控建设作为提升治理体系和治理能力的重要手段。

在开展非经济业务活动内控建设的过程中,学校与专业机构密切合作,针对每个学科的特点和院系的实际情况,开展系统的风险评估,摸索总结每一类业务活动的重点关注点和控制措施。历经三年努力,在非经济业务活动层面,优化业务流程120余个,制定、完善制度80余项,有效推动了学校事业的健康发展。

### (三)加强协同,持续推进内控缺陷整改闭环追踪

良好的工作机制是内控建设顺利开展的重要保障。如何建立有效的工作机制,推动内控建设工作有序开展?如何持续追踪整改问题,保证措施有效落地?这些是学校在内控建设初期一直探索和思考的问题。经过几年的实践和总结,学校建立了部门协同、上下联动的工作机制,梳理了内控缺陷整改台账和制度台账,持续深化内控建设。在学校层面上,一是充分发挥部门协同作用,定期召开内控联席工作会议,听取阶段性工作汇报,各业务归口管理部门及时开展沟通交流。二是安排相关人员全程参加二级单位内控评估评价工作,协同第三方专业机构跟进、协调问题解决;针对院系存在的内控缺陷,分批次与归口管理部门沟通交

流,保证问题定性和描述准确,建立内控缺陷整改台账,持续跟踪整改情况。三是将内控与其他监管方式有机融合,与党内监督、纪检监察、巡视巡察、内部审计等形成监督合力,共同推进"不敢腐、不能腐、不想腐"一体化建设。

在二级单位层面上,党政"一把手"亲自抓内控,按照学校要求,对照内控评价提出的内控缺陷,认真梳理本单位制度体系和业务流程,及时反馈整改进度,将内控缺陷整改落实落细。同时,学校定期收集反馈意见,针对整改方面存在困难的单位开展定向辅导,针对单位间的共性问题、难点问题,由学校层面统一推动,有规划、有部署地落实问题整改。学校—院系—第三方专业机构协同工作、形成合力,共同推进学校制度体系的完善和业务流程的优化。

### (四)明确抓手,大力推动业务流程再造

优化业务流程是内控建设的一项重要内容,而内控建设成效的关键在于用信息化手段实现再造的业务流程,并加以巩固和完善。在内控建设过程中,学校坚持以信息化建设为抓手,组织专家顾问委员会设计信息化顶层建设方案,将内控建设理念贯穿学校各业务环节和业务系统,通过系统分析业务流程和存在的风险点,不断优化方案,进一步加强业务系统与财务系统的对接;建立数据监控平台,加强对大学本部和附属单位经济业务的监督与指导,着力从事后监督向事前、事中控制转变;加强数据平台建设,提升信息共享和资源统筹能力;全面推广覆盖党建、财务、资产、采购、教务、合同等多方面业务的"清华大学信息服务"企业微信号。信息化已经成为学校全面推进内控建设的重要技术支撑。

经过几年的内控建设,全校形成了良好的内控建设氛围,规章制度体系更加健全,业务流程更加优化,协同工作机制进一步完善,专业化队伍的水平进一步提升。通过开展内控建设,学校和各二级单位共优化业务流程200余个,完善制度500余项。学校的内控建设工作也得到上级部门的高度认可。在财政部组织的行政事业单位内部控制报告评价中,

清华大学自2016年以来,连续六年均获评"优"。2019年、2021年,教育部两次将清华大学内控建设工作作为典型案例推荐给财政部。

# 三、经验启示

## (一)提高政治站位,强化内控意识

做好内控建设,要提高政治站位,深入学习贯彻习近平新时代中国特色社会主义思想,充分认识内部控制在完善学校治理体系、提升内部治理水平、推进廉政建设中的重要作用。内控工作不仅是"一把手"工程,也是"全员行为"。要注重内控理念的宣传,通过举办内控工作协调会、培训会、进点会,分享典型案例等方式,多渠道、多形式地宣传推广内控理念,形成注重风险防范、强化责任意识的内控建设氛围,营造良好的内控环境。

## (二)坚持统筹部署,主动开拓创新

要树立内控建设全局一盘棋的思想,坚持科学规划、稳中求进的工作思路,以总体目标为指引,着重加强内控建设的顶层设计,充分发挥内控建设领导小组的作用,统筹部署,分阶段细化内控建设工作实施方案。要发扬自我革命、勇于创新的精神,结合学校实际业务特点和不同阶段管理要求,主动拓展内控建设领域,为高校内控建设的全面推进和进一步深化提供借鉴和参考。

## (三)加强部门协同,坚持问题导向

内控建设涉及预算、收支、政府采购、资产、建设项目、合同、监督评价等各项经济活动以及教学、科研、学生培养等非经济活动,需要单位内部的各相关部门和岗位加强协作,明确分工,建立联动机制,形成内控建设合力。在内控缺陷整改过程中,要坚持问题导向,突出"改"字当头,立行立改,即知即改;扎实推进整改,不断建章立制,进一步优化业务流程,充分发挥制度管长远、管根本的作用,逐步完善学校治理体系、提升治理能力现代化水平。

### (四)借助专业力量,培养专业化队伍

内控建设是一项复杂的系统工程,涉及业务活动的多个重要环节,上到顶层设计,下到规范流程,环环相扣。第三方咨询服务机构能够客观公正地评价学校的内控情况,识别风险缺陷并提出专业化意见建议,充分发挥外部监督作用。专业化的内控管理队伍是工作开展的必要前提,在引入第三方专业机构的基础上,要安排相关工作人员深度参与各二级单位的内控建设,通过"以干带训"的方式,逐步形成一支专业化的内控工作队伍,为内控工作的持续开展奠定基础。

(执笔人:申岩)

# 强化学生社区育人功能
# 建立生活素质教育体系

——清华大学开展生活素质教育的探索与实践

## 一、背 景 情 况

学生社区是大学生日常生活、学习的重要场所,是学生在课堂之外最重要的活动基地,也是对学生进行思想教育的重要阵地,因此被称为学生的第一社会、第二家庭、第三课堂。陶行知先生提倡"生活即教育"的理念。随着经济社会发展和生活水平的提高,开展生活素质教育已成为促进学生全面发展的重要内容。清华大学有着优良的后勤育人传统,是国内较早开展学生生活素质教育的高校。学校倡导在专业教育之外,通过生活素质教育引导学生健康自信地面对生活,愉快优雅地享受生活,不断增强社会责任感,提高团队合作精神和人际交往能力,成长为适应未来工作和生活需要的"完整的人"。

从 2008 年开始,学校在本科生公寓中试点建立专职学生公寓辅导员队伍,并制定学生公寓辅导员制度。学生公寓辅导员由学生社区管理服务中心(以下简称学生社区中心)统一管理,承担生活素质教育任务。2012 年进入新时代以来,为更好满足学生对美好生活的需要,确立以"安全、健康、文明、自立、优雅"为培养目标的生活素质教育体系,着力培养学生的安全意识、健康知识、文明习惯、自立能力和优雅品位。2018 年 12 月,学校发文将公寓辅导员纳入学校思政工作队伍。从 2019 年起,生活素质教育从本科生公寓拓展到研究生公寓和国际学生公寓,学生公寓辅导员的工作范围由单座楼宇扩展到生活片区。2020 年 4 月,学校发布《关于加强学生社区德育助理队伍建设的若干意见》,学生公寓辅导员更名为学生社区德育助理(以下简称德育助理),并为进一步加强学生生活素质教育提供了制度保障。

# 二、主 要 做 法

## (一)建立多方协同的育人工作体系,充分发挥德育助理作用

在开展生活素质教育的过程中,学校逐步明确"依托公寓,整合校系,专兼结合,责权明晰"的工作思路,形成由学生社区中心、学生部、研究生工作部(以下简称研工部)、国际学生学者中心组成的工作组织架构(如图1所示)。公寓主管负责物业维护等日常工作,各院系学生组、研工组主抓学生思政工作,学生社区德育助理由学生社区中心和学生部共同聘任,承担日常关注、安全教育、文明行为引导等学生生活素质教育工作。先后在本科生、国际学生和研究生公寓中,成立由学生工作助理、学生楼层长、文明宣导员、院系生活副主席和生活委员共同组成的片区楼委会,通过让学生直接参与学生社区的管理服务工作,充分调动学生共建社区的积极性和主动性。在学生集体搬家、公共空间建设、楼宇和家具改造等重大事项上主动召开座谈会,积极听取学生意见,充分考虑学生诉求。

围绕开展生活素质教育,学校已形成较为成熟的"社区、片区(楼宇)、院系"工作模式及职责分工(如图2所示)。德育助理作为推进学生社区生活素质教育的主力,坚持亲情服务、引导式管理、潜移默化育人的工作理念,在协调社区、片区(楼宇)、院系三方中发挥关键作用。德育助理在社区中肩负活动宣传、组织和外联的职责,指导勤工助学队伍、公寓学生工作助理开展学生社区安全教育和文化建设等活动;与片区(楼宇)主管合作,共同为学生公寓提供生活服务,满足学生的生活学习需求;与

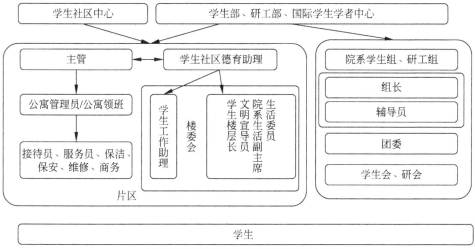

实现学生社区德育助理国内国际学生全覆盖

图 1　学生社区的育人工作组织架构

图 2　德育助理在生活素质教育中的工作职责

院系沟通学生在社区的生活情况,联合开展各项生活素质教育活动。

## (二)围绕"安全、健康、文明、自立、优雅"的培养目标,开展形式多样的素质教育活动

着力强化安全素质教育,培养学生安全意识,提升安全技能。将传统媒介与新媒体宣传、集中讲授与专场定制、课堂学习与实践体验相结

合,开展系列学生社区安全教育活动。联合中关村派出所面向学生开展消防和防诈骗安全知识讲座,对新生开展安全知识培训,实现新生消防演习和灭火器使用等实操教学全覆盖。

积极推进健康素质教育,帮助学生在繁重的学业压力下形成科学的生活理念,养成健康的生活方式。邀请校医院举办健康讲座,组织健身坊;组织学生社团合作开设健美操等健康课堂;开设"心灵说吧",由心理发展指导中心老师面对面与学生进行沟通,做心理疏导工作。

持续倡导文明素质教育,以社区文化活动为载体,改善学生精神风貌,培养文明自律行为。举办14届"紫荆家园"优秀宿舍评比活动,学生宿舍个人卫生平均成绩明显进步,每年均有校级优秀宿舍获评北京市荣誉。连续开展16年文明离校系列活动,培养学生"扫一屋,然后扫天下"的观念,毕业生宿舍卫生优良率、文明离校优良率逐年提高。

广泛推行自立素质教育,搭建劳动育人平台,拓展劳动教育实践。在学生公寓和教室设置学生楼层长、文明宣导、行为引导等勤工助学岗,培养学生自立自强的意识和行为。面向本科生和研究生分别开展"清年爱劳动""清研爱劳动"志愿活动,组织学生参与学生社区垃圾分类、公寓管理、秩序引导等工作,帮助学生增强劳动观念、培养劳动精神。

大力推动优雅素质教育,搭建各类社区课堂,把校内优质育人资源引入学生社区。学生社区中心与清华大学艺术博物馆和艺术教育中心联合开展美育课堂;与全球胜任力中心联合开设多文化融合类课程;与研究生会合作开设交友课堂。学生在艺术、文化、交流等主题课堂中培养了生活情趣,提升了生活品位。

### (三)以制度与空间建设为基础,加强学生社区育人保障

完善生活素质教育相关规章制度和评价体系,构建长效机制。修订《学生公寓住宿管理办法》,依据《学生公寓卫生管理细则》,对卫生成绩后10%的宿舍进行帮扶整改,帮助学生改善卫生状况、提高生活技能。2017年,围绕"安全、健康、文明、自立、优雅"的培养目标,构建并试行学

生社区积分体系。2021年6月,建立《学生社区生活素质养成教育工作执行标准》。建设学生社区积分信息系统,实时记录学生参与社区共建、社区活动、社区课堂等情况,刻画学生成长轨迹,并以积分兑换、证书认证等方式加强宣传引导,使同学们从"成绩单"中见证自我成长、修正自身行为。

打造"国际化、有品位、多功能"的学生成长社区,不断满足学生日益增长的学习生活需要。从2014年起,在学生社区中陆续建设讨论间、轻体育室、会客室等公共活动空间共327处,面向学生24小时开放,促进不同专业学生在学生社区中的交流融合。2016年、2018年,先后在学生公寓楼地下建设两处"学生社区活动中心",集成学生公寓的课外功能,配备健身器械区、体操区、乒乓球室、钢琴室、休闲交流区,丰富学生课余生活,促使学生养成良好的生活习惯。

14年来,清华大学学生社区育人模式逐渐成熟,生活素质教育成效明显,安全教育覆盖面不断扩大,学生健康理念、健身习惯逐步形成,文明素质、文明水平持续提升,劳动意识、劳动能力日益增强,生活素质、生活情趣显著改观。清华大学的生活素质教育工作成果得到各方面肯定,获得全国高校学生公寓文化建设优秀成果(优秀策划案一等奖)、全国高校学生公寓创新成果一等奖等荣誉。

# 三、经验启示

## (一)统筹推进,强化顶层设计与部门合作

开展生活素质教育是一项系统工程。要始终坚持系统观念、强化全局思维,积极推动各部门之间形成共识、发挥合力,共同打造学生社区育人的重要阵地。建立健全生活素质教育的全过程监督协调机制,清晰界定各部门责任,完善联合工作机制,畅通定期沟通渠道,确保生活素质教育的目标任务落实到位。

## （二）持续深化，坚持理论与学校实际相结合

生活素质教育要在研究中不断深化、在实践中开拓创新。要坚持以党的教育方针为根本指导，以教育部相关文件精神为基本遵循，积极开展生活素质教育的理论研究和专项调研，注重凸显时代特色、弘扬学校传统，并充分利用研究成果指导和推动教育实践。清华大学生活素质教育体系和学生社区积分体系的建立，既是与时俱进的探索，也是理论研究与学校发展实际密切结合的成果。

## （三）共建共享，充分发挥学生的主体作用

学生是社区管理的主体，也是社区建设的主人。要让学生主动参与学生社区的管理服务工作，培养学生的主人翁意识，促进学生自我教育、自我管理、自我服务。完善共建机制，拓展沟通渠道，在学生社区的重大事项上广泛征求学生意见、充分考虑学生诉求，打造共建共治共享的社区氛围，持续增强生活素质教育对学生的影响。

## （四）凝心聚力，不断加强工作队伍建设

开展生活素质教育离不开一支高素质、专业化的稳定队伍。要完善组织体系，明确岗位职责，优化工作流程，形成育人合力。充分发挥德育助理队伍的"头雁效应"，联合学生党支部发挥党员先锋模范作用，培养选树一批党性强、业务优的能手标兵。坚持人才引进和人才培养相结合，充分利用校内外资源，为德育助理队伍提供经常性培训机会、更广阔发展平台，不断提高生活素质教育队伍的凝聚力和战斗力。

（执笔人：王伟、李芳、齐皓爽）

# 面向教育教学改革 打造一流教学环境

——清华大学教室改建的探索与实践

## 一、背 景 情 况

2010年,国务院颁布《国家中长期教育改革和发展规划纲要(2010—2020年)》,提出要"改革教学内容、方法、手段,建设现代学校制度",通过改革创新为教育发展提供强大动力。2016年发布的《中华人民共和国国民经济和社会发展第十三个五年规划纲要》要求"推动现代信息技术与教育教学深度融合",推进教育现代化。2016年7月,清华大学发布《事业发展"十三五"规划纲要》(以下简称《纲要》),提出要构建和完善现代教育教学治理体系,深化人才培养体制机制改革,实施学校《关于全面深化教育教学改革的若干意见》,保障教学投入力度,拓展教育资源,创新教育方式,充分发挥各类课堂的育人作用,努力培养德智体美劳全面发展的社会主义建设者和接班人。

作为重要的办学基础设施,学校教学楼宇已经数十年未进行系统的改建升级,教学设备陈旧简陋,教室格局和空间功能已远不能满足新的教学理念和一流大学建设的需要。2017年4月,时任校长邱勇同志带队检查全校教室情况,要求相关部门对教室改建作出整体规划和方案。6月,学校主要领导召开会议,设立专项计划,划拨专项经费,进一步明确改建要求,强调"教室改造是学校教育教学改革的延伸和推手,要从建筑品质、人文环境、超前技术等方面统筹推进教室改建,全面提升教学基础设施水平达到世界一流"。从2018年开始,学校以"人文、绿色、开放、智慧"为理念,正式启动教室改建工作,历时五年、分三批有序推进公共教室的改建工程,截至2021年底已完成125间教室的改建任务,有力支撑了学校教育教学改革和发展在线教育、创新教学方式的需要。

# 二、主 要 做 法

## (一)成立专门领导小组,多部门联动高效推进

2017年6月,学校成立教室改建工作领导小组,时任副校长、教务长杨斌担任组长,教务处、基建处、信息化技术中心、学生社区中心、资产处、基金会、校友会、学生处、校团委等单位组成工作组,共同推进教室改建工作。教务处负责牵头协调各单位提出改建需求、确定设计方案、规划整体进度;基建处、学生社区中心根据设计方案负责实施改建工程;信息化技术中心负责信息化教学设施的总体设计与购置安装;基金会、校友会负责对接校友捐赠等事项。定期召开各单位教室改建工作联络人会议,通报改建进度,协调工作事项,落实各方责任,并建立从改建专项经费申请,到改建实施、管理和落实的高效便捷流程,确保经费到账、采购执行、施工进度等环节按计划推进,保证了教学活动的顺利开展,及时应对了疫情等突发因素的影响。

## (二)广泛开展调查研究,为高质量改建提供依据

调查研究是做好工作的基本功。在实施改建前,学校对北京大学、复旦大学、上海交通大学等已经开展小规模教室改建试点的境内兄弟高校开展实地调研,学习成功经验。同时,对哈佛大学、斯坦福大学、麻省理工学院、耶鲁大学等美国大学及香港大学、香港科技大学的教室建设情况开展文献研究,了解相关措施,总结有益做法。从设计改建方案开始,学校就十分注重通过广泛调研征求意见、集思广益。面向教师、学生、校友群体召开多场座谈会,与会代表从硬件设施、软件设施、管理服

务到公共学习空间等方面提出前瞻性建议。为紧密配合教育教学改革的需要,组织开展多项专题调研,向师生和教学管理部门征求改善教学环境和教室空间的建议,包括对小班教学、研讨教室和信息化教学环境的需求调研,对学校建设信息化教学环境的技术路线调研,以及在融合式教学环境改造工程中对在线教学互动平台的产品调研等。学校还专门设置桌椅体验区了解师生们的使用感受,力求提升教学环境的舒适度。

### (三)突出特色改建理念,努力营造一流校园环境

学校在借鉴其他高校教室改建经验的基础上,结合清华教学建筑自身的文化特点和实用功能,确定了"人文、绿色、开放、智慧"的改建理念。"人文"突出改建的文化品位和人文关怀,将教学楼宇公共空间打造为环境优美的书园,充分考虑特殊人群需求,在教室楼改建中增设无障碍设施,实现通行无障碍、使用无障碍、交流无障碍、信息接收无障碍。"绿色"是对教室改建的环保、安全要求,大幅提高建筑防火、防震等级,安装智能窗将空气质量监测仪与新风系统联动,室内二氧化碳浓度超标时自动开窗通风,室外空气污染时则启动新风系统,切实保障师生的安全和健康。"开放"体现为空间的开放与灵动,打破原有空间格局,增设小型研讨间、楼层内站立式半开放自习交流区、室内走廊的包厢式座椅和室外连廊,让师生无"限"沟通。"智慧"包含智慧教学和智慧管理,按教室类型配置不同多媒体设备,优化教学内容的呈现,促进课堂教学的交互,便利学习资源的获取,充分支持学生的个性化学习。

### (四)小规模试点先行,分类分批推进教室改建

在明确需求、精准测算的基础上,学校制定了"先小规模试点、再分期分批改建"的计划,根据教室的类型和功能,分三个批次先后对各主要教室楼实施改建。

2018年1月,以新建明法楼的公共教室为试点,启动具有远程交互

功能的新型讨论教室、案例教室、阶梯教室建设。新型讨论教室采用可移动梯形桌椅,便于课堂小组讨论;案例教室提供桌面话筒和插座,方便学生参与课堂交流;阶梯教室采用慢性回弹式座椅,更加舒适、人性化。改建试点工作为学校在线教学和线上线下融合式教学环境的建设奠定了基础,为不同功能类型的教室改建积累了经验。2018年7月,在总结试点经验的基础上,学校开始对建筑馆报告厅、旧经管报告厅、东阶梯教室楼等一批单体教学楼进行多功能改建。2019年3月,启动大规模整体改建,其中包括部分老旧教室楼和学校早期建筑。以第二教室楼、第三教室楼、第四教室楼和西阶梯教室楼为代表的改建工程,强调"新功能需求"和"文化传统保护"之间的平衡。在原有空间中增加大量小型研讨间和自由学习区域,在满足新型教学活动和多元化教学模式需要的同时,保证教室楼的外观造型,以及楼内壁灯、走廊水磨石花纹等内部装饰与周边建筑群的风格协调融合。

### (五)加快智能化建设,有力支撑疫情期间教学

2016年,为紧跟教育信息化的发展趋势,学校加快部署新一代信息化教学环境建设,将先进的网络信息技术与多元化教学方式相结合,致力于实现教学、管理和服务的"智能化"。加强教学环境管理与控制中心建设,安装可视化、网络化的控制与服务平台,提供教学设备的远程控制与状态监测、一键求助与远程协助,以及电子考场远程监控与管理等功能。教学环境的前瞻性升级改建,为清华大学2020年应对突发新冠肺炎疫情带来的巨大挑战、率先实施全体系在线教学提供了重要支持。为适应疫情防控常态化后线上线下融合式教学的需求,学校进一步加快对教室的改建升级,通过加装摄像头、更换音频系统、改进中控系统等,使得所有教室均可支持远程和现场同学的同步学习、即时互动,保证了在线教学与线下课堂教学的"实质等效",确保了疫情防控期间教学工作的正常开展。

在学校各部门的密切配合下,本轮教室改建工作顺利实施,截至

2021年底,共完成8栋楼宇、125间教室的改建,涉及6521个座位,新建和改造的教室均达到了预期的设计目标,在各项教学活动中发挥了重要作用。第四教室楼的改建设计荣获2020年度美国IDA国际设计奖室内设计类别金奖。以清华大学为牵头单位制定的《智慧校园总体框架(GB/T 36342—2018)》《数字语言学习环境设计要求(GB/T 36354—2018)》《多媒体教学环境设计要求(GB/T 36447—2018)》《电子考场系统通用要求(GB/T 36449—2018)》四项国标,为学校进一步打造一流的教学环境提供了科学依据,也为全国高校提升教学环境的建设水平提供了规范指导。

# 三、经验启示

## (一)坚持规划引领,强化全局性与前瞻性

教室改建是学校教育教学改革的延伸和推手。要根据世界一流大学建设的发展方向、教育教学改革的目标和实际教学需要,明确教室改建的重点任务和具体要求。教室改建不仅仅是对物理空间的改建和教学设施的购置安装,还要把先进的理念贯穿方案设计、设备采购、装修施工的各环节各方面,确保改建工作更高质量、更有效率、更可持续、更为安全。教室改建不仅要立足当下,还要着眼未来,及时跟进教育技术的发展趋势。学校设计能够兼容未来五年技术发展的信息化教学环境改建方案,并在后续的教室改建中不断与时俱进,使得改建之后的教室具备远程交互和在线教学的功能,为清华在突发疫情情况下正常开展在线教学、线上线下融合式教学等提供了坚强保障。

## (二)尊重建筑原貌,保持内外风格统一

学校教学楼的建成年代各有不同,所处的校园地理位置及周边环境

也有所差异,因此教室改建要注重因地制宜,"量体裁衣"确定设计理念和改建方案。对具有历史传统和鲜明特征的教学建筑,要尊重建筑本身的设计风格、人文气质,使得教学楼改建与学校风格相契合、与校园环境相融合。为适应教学理念和模式的变化,教室改建还要在保留原有古典外观的基础上,积极探索新的设计方案,对内部格局进行大胆创新,丰富教室空间布局和功能分区,依托高科技手段建设智能远程教室。与此同时,还要坚持"以我为主"的原则,充分发挥学校自身学科和人才优势,激发本校师生和校友的积极性,确保改建成效符合学校传统、得到师生认可。

### (三)体现环境育人,发挥文化传承功能

教学楼是校园文化建设的重要部分,也是体现育人理念与学校精神的重要标志。改建后的第三教室楼保留了楼体上镌刻的"严谨、勤奋、求实、创新"八字学风以及楼体外墙上清华革命先驱施滉的壁像。一眼望去,它依旧是那座承载无数师生校友记忆、传承清华文化传统的校园地标。在2018年107周年校庆之际,学校发起"清华校友教室改建捐赠项目",鼓励校友以集体形式认捐教室,用于桌椅和多媒体设备更新,并在改建完成的教室内悬挂刻有捐赠校友信息和对学弟学妹寄语的捐赠铭牌。校友们用实际行动丰富了清华精神和文化的内涵,鼓励在校学子自强不息、厚德载物,为国家富强、民族复兴、人类文明贡献清华人的力量。

### (四)坚持科学测算,保障正常教学秩序

教室改建是一个系统工程,必须进行科学测算,按照科学方案推进,分区域进行改建,合理安排工程活动增量,减少对正常教学秩序的影响。为充分估算改建停用的部分教室给排课工作带来的影响,首先要对教室使用情况进行多维度统计分析,依据教育教学改革需要制定分步改建规

划；其次要按照预计开课数据对改建规划进行模拟排课调试，直至每一步改建方案都能满足正常的教学要求。只有在科学测算的基础上，教室改建与教学保障才能齐头并进、稳步推行，既顺利实现改建规划，又能充分利用有限的教室资源，满足学校的开课要求和教学需要。

(执笔人：尹佳、董丽、李海霞)

# 党的建设篇

# 以信息化赋能推动基层党建提质增效

——清华大学新版党组织党员管理系统的探索与实践

## 一、背 景 情 况

党员教育管理是党的建设基础性经常性工作。随着时代进步和信息技术发展,充分运用互联网技术和信息化手段改进党员教育管理工作,日益成为提升基层党建工作水平的迫切需求。清华大学党委着力探索智慧党建的工作模式,努力推动基层党建传统优势与信息技术的深度融合,以党建信息化水平的提升促进基层党建工作的规范化与高质量,把基层党组织建设得更加坚强有力。

清华大学的党组织党员规模在全国高校中位居前列。2005年之前,学校采用单机版的党员管理系统,初步实现对党组织和党员信息的电子化管理。2006年,学校开发了党员管理信息系统,包括组织机构管理和党员管理两项基本业务,有效提高了党建管理水平。进入新时代,党建工作面临一系列新形势新变化,老版党员管理系统管理功能不足、技术架构落后、界面操作陈旧、与学校其他业务系统缺乏整合等问题逐渐显现,难以满足党员教育管理工作需要。

2016年7月,学校启动建设新版党组织党员管理信息系统。2018年4月,新版系统上线运行并持续开发升级。信息系统定位于服务全校各级党组织和广大党员的党务工作管理平台,遵循党内相关规章制度和工作要求,紧密结合学校党建工作实际,以组织生活、党员发展、党费缴纳、理论学习等基础党务工作的全过程纪实管理为核心,以客观统计指标和工作预警提醒机制为抓手,努力实现横向到边、纵向到底、便利高效、科学规范的管理效果,从而大幅度提高党务工作效率和管理水平,为学校不断提高党建工作的科学化、精细化水平提供有力支撑。

# 二、主要做法

## (一)完善立体覆盖,建立横纵结合的用户体系

覆盖广泛多元用户。新版信息系统用户规模大,覆盖全校 1400 余个党组织、3 万余名党员、万余名入党申请人,以及支部所联系的广大群众。用户类型多元,涵盖院系、机关、后勤、支撑服务机构、街道、附属单位等全部类型,服务在编教职工、合同制教职工、学生、离退休教职工、校属企业员工、附属单位员工、社区居民等学校全部类型人员,是全校用户类型最复杂的信息系统之一。各种用户类型、不同信息化条件的党员群众均能方便地使用信息系统,切实保证党的组织和工作全覆盖。

打造矩阵式权限管理体系。根据学校的党组织架构和党建工作体系,新版信息系统设计了 20 种权限,学校领导、各职能部门,各级党委、党总支、院系学生组、研工组以及党支部都可以掌握权限所辖内党组织党员的各类情况,依据职责开展相应工作。系统横向覆盖组织系统、本科生系统、研究生系统、离退休教职工系统四大业务条线,纵向贯穿从学校领导、职能部门到基层支部和党员共六级,通过完善的横纵矩阵充分满足各级党组织和各职能部门的工作需求。

## (二)突出建设特色,实现基础党务工作全过程在线纪实

革新系统架构,优化丰富功能矩阵。新版信息系统(见图 1)开发了 6 个业务模块、20 余个子系统、百余项业务流,覆盖了基层党建的主要业务,实现了基础党务工作的动态全过程在线纪实。系统前端包括网页端(校内门户登录)和移动端(微信企业号"清华微党建")。业务层包括党

组织管理、党员管理、党员发展、组织生活、党费管理等业务模块,各业务模块包含若干子功能,同时还有权限管理、消息管理、预警提醒、查询统计等业务支撑功能。数据层以党务系统综合数据库为核心,充分衔接北京市党组织党员管理平台和学校数据平台。

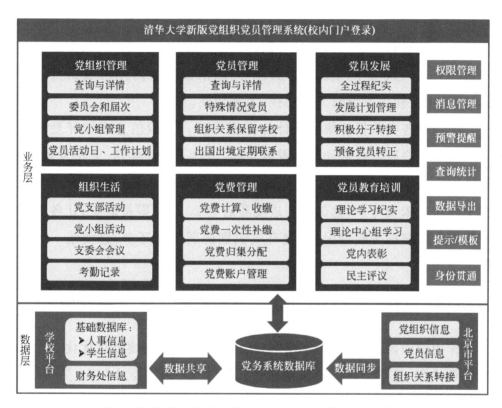

图1 新版党组织党员管理系统整体功能架构示意图

坚持定制开发,精准满足业务需求。一是工作"在线化",党支部每学期在线填报"党员活动日"和党支部工作计划,院系级党组织在线填报年度计划、总结、述职等材料,毕业生党员在线办理保留组织关系在校申请。二是业务"闭环化",对党员发展全过程进行在线纪实,对发展计划的申报和执行进行实时管理,对党费计算、收缴、对账、分配、支出进行全环节管理。三是管理"精细化",精细录入理论中心组学习、党支部"三会一课"、党员群众理论学习、民主评议等情况,实时统计次数、出勤率等各类指标,定向推送党建动态、工作提醒。

## （三）打破"数据烟囱"，加强数据集成和挖掘分析

打通内外部系统的数据隔阂。新版信息系统着力解决功能多样、用户多元导致的数据来源复杂问题，与北京市委组织部和校内各部门充分对接，实现对外与北京市党建平台，对内与学校人事、教务、财务等各类信息系统的互联互通，实现"同一数据党员只需维护一次"的目标。同时着力解决同一人员不同身份类别、不同政治面貌各时期的数据贯通问题，保证用户使用系统时无缝切换、无感切换。

加强对各类数据的集成统计和挖掘分析。新版信息系统开发了信息集成的用户服务首页和数据看板功能，设计了组织生活、党员发展、党费缴纳等直观明了的统计分析页面，设置了党组织到届、预备党员转正、三个月以上未交党费、党员发展进度滞后等20余预警提醒点，让各类用户既能及时掌握全貌情况，又能有效识别薄弱工作环节，进而第一时间作出反应。

## （四）坚持"以用户为中心"，持续创新服务、优化体验

深挖师生需求，倾听师生反馈，快速迭代升级，持续改进优化。服务学校党代会，党支部在线填报党代会代表提名、两委委员"三上三下"提名酝酿结果，自动汇总统计，大大提高工作质量和效率，获得基层一致认可。聚焦党员党费缴纳的过程，系统开通了微信、支付宝、银联、现金交纳方式，优化了党费计算和审核流程，大幅延长每月党费交纳窗口期，提升了广大党员党费缴纳的体验。开发基于微信企业号的"清华微党建"平台，覆盖广大党员、积极分子和群众，在手机端即可完成党费交纳、组织生活、理论学习纪实等个人主要业务，并可在线接收新闻动态和工作提醒，大大提升用户体验的同时，"清华微党建"也成为学校重要的党建宣传阵地。为每名党员推送政治生日祝福、重温入党誓词，为毕业生党员推送"党员大数据"、回顾自己在校时参加党建活动情况，让广大党员充分感受到来自党组织的关心和勉励，激励党员永葆本色、砥砺前行。

新版党组织党员管理系统将信息技术与基层党建深度融合,大幅提升了学校党建工作的效率与质量。在信息系统的监督提醒下,党员普遍能够更加主动地履行党员义务,积极参加党组织活动,发挥先锋模范作用。各单位党委通过信息系统及时发现存在薄弱环节的党组织,对党组织逾期未换届、支部规模过大、"三会一课"不规范、支书支委配备不符合要求等问题进行及时整改,总体解决了"党建工作不平衡"老大难问题,推动党组织建设更加规范。新版信息系统作为清华大学党委创建首批"全国党建示范高校"的标志性成果之一,获得了上级有关部门和兄弟单位的充分肯定。

# 三、经验与启示

学校党委以党组织党员管理信息系统为抓手,大力加强标准化规范化建设,着力提升基层党建工作质量,推动形成"线上线下"联动统一、"上下贯通"高效运转的党建工作新局面,探索形成了以信息化、数字化助力基层党建科学化、精细化的党建工作新模式,促进了工作方式和工作理念的创新,尝试破解了党建工作面临的诸多瓶颈,有力推动了全校基层党建工作的全面进步。

## (一)坚持网上和网下相结合,建立横纵结合的工作体系

信息化技术手段是工具,提高党员教育管理工作水平是目的。新版信息系统的建设运行充分结合基层党建工作实际需求,建立了横向到边、纵向到底的工作体系,通过在线审批、扁平化管理等方式,有效减轻了基层工作负担,极大提高了工作效率,同时"一竿子插到底"直接掌握每一个支部、每一名党员的实时情况,规避了层层报送过程中的数据滞后和数据偏差,更好把握情况、发现问题、精细指导、科学决策。

## （二）注重利用信息数据，发现问题、推动工作

新版信息系统积累了全方位、分层级、多角度的大量党建工作数据，为定量与定性相结合进行科学的党建工作评价提供了可靠支撑，也为学校党委开展内部巡视提供了问题线索。党建大数据的分析研判也成为加强党员教育管理和基层组织建设的有效手段，通过党建数据及时发现"小问题"、暴露"隐藏问题"，将监督关口前移，有效提升了日常管理的及时性、操作性和实效性。党建大数据的有效利用，使上级党组织减少了集中性检查、加强了日常性监管，推动基层党组织以信息系统的日常维护为抓手，将党建工作抓在平时。工作方式的转变，带来了党建工作自上而下的作风转变和自下而上的效能提高。

适应信息化发展的时代要求、积极探索智慧党建工作模式，是大数据背景下提高党建科学化水平、全面从严治党的应有之义。以信息化赋能推动基层党建提质增效，是解决高校党建工作难点的破题之道。清华大学党委将对党组织党员管理信息系统进行长期开发，通过持续迭代和不断优化，进一步丰富系统功能、优化师生体验、深化数据应用，努力提高智慧化水平，推动全校党建工作再上新台阶。

（执笔人：徐特威）

# 担当善作为 融合促创新

## ——清华大学融媒体建设的实践和探索

## 一、背景情况

党的十八大以来,以习近平同志为核心的党中央深刻把握时代发展大势和社会信息化趋势,作出了一系列推动传统媒体和新兴媒体融合发展的重大决策部署,将媒体融合发展上升到国家战略高度。2020年6月30日,中央全面深化改革委员会第十四次会议审议通过了《关于加快推进媒体深度融合发展的指导意见》,这是在"百年未有之大变局"背景下,对我国媒体融合发展大局总规划的纲领性文件。2020年11月,《中共中央关于制定国民经济和社会发展第十四个五年规划和二〇三五年远景目标的建议》强调要"推进媒体深度融合,实施全媒体传播工程,做强新型主流媒体,建强用好县级融媒体中心",充分体现了党中央对媒体深度融合的高度重视和系统谋划。

近年来,清华大学立足提升新时代学校宣传思想工作能力水平,围绕构建"大宣传"工作格局,秉持"媒体融通天下,教育塑造未来"的理念,积极推进校园媒体融合发展。自2019年9月学校获批成为教育部首批融媒体建设试点单位以来,坚决贯彻落实党中央和教育部关于推动媒体融合发展的部署要求,将融媒体建设列入年度校级重点工作,从定方案、理机制、建平台、强队伍、推精品等方面持续发力,努力探索高校融媒改革发展的"清华路径",不断做大做强新时代教育主流舆论,被评为教育融媒体建设试点优秀单位。

## 二、主要做法

清华大学紧抓机构改革和职工人事制度改革的契机,坚持以改革明职责、以改革促保障、以改革生动力。由党委宣传部牵头组织,先后调研近30家兄弟院校、政府部门、重要媒体、技术企业,深入交流学习与融媒体建设相关的组织架构、制度体系、行业经验、前瞻技术、特色做法。在此基础上,经过充分的讨论咨询制定完善了工作方案,并按照"制度先行、系统跟上、流程重构、队伍再造"的分阶段计划,走稳步、迈大步、不停步,积极稳妥推进学校融媒体整体布局及各项建设工作。

### (一)坚持目标导向,健全融媒体建设工作体系和制度体系

清华大学将融媒体建设的顶层设计、制度体系与发展目标和工作实际紧密结合,反复打磨、精益求精,明确打造"三个系统""四项融合""五大生态圈"(见图1),做到谋定后动、有的放矢,确保有规可依、有序可循。"三个系统"即评价系统、育人系统、服务系统,体现融媒体建设服务学校中心工作的重要价值。"四项融合"指以机制融合为纲、人员融合为本、平台融合为基、内容融合为果,确立融媒体建设工作的指导思想。"五大生态圈"包括校级媒体矩阵、全校媒体资源、上级部门系统、社会媒体数据系统、全球传播体系,指明融媒体建设由内向外逐步拓展的渐进路径。

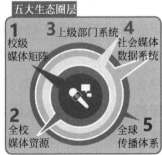

图1 清华大学融媒体建设框架

清华大学从建立宣传工作新的整体格局、调整相关机构和岗位、完善流程制度三个维度，进一步夯实融媒体建设的工作基础。一是在宏观层面，不断健全上下贯通、左右协同、内外统筹、网上网下联动的"大宣传"工作格局。二是在中观层面，结合学校机构改革，大幅度调整党委宣传部内设机构，增设新闻总编室、新媒体中心，改建采编中心、视频中心、全球传播办公室等，实现组织架构和人员配备的科学重组，通过改革优化系统、激发活力。三是在微观层面，逐一梳理细化全方位协作管理制度，建立全链条沟通决策会议体系，打通新闻生产全流程，实现一岗多用、一专多能，一次采集、多次分发。

试点工作以来，学校党委不断丰富完善宣传思想工作制度体系，相继出台"1＋5＋7＋N"等多项制度文件："1"即制定实施《关于加强和改进新时代宣传思想工作的若干意见》，起到全局性统领作用；"5"即《关于加强和改进各单位新闻舆论工作的意见》《理论学习工作行动计划》《全球传播工作行动计划》《新媒体工作行动计划》《视频工作行动计划》，明确若干重点专项；"7＋N"即《网络信息内容管理办法》《新闻发布工作管理规定》《舆情应对管理办法》《互联网直播管理办法》《新闻宣传保密管理办法》《网络意识形态工作责任制实施细则》《二级单位会议活动申请审批管理办法》及一批具体的操作性流程等，全面提供制度保障。

## （二）实施"双轮驱动"，构建校园媒体融合发展运行体系

为充分发挥融媒体建设的"窗口效应"和带动作用，清华大学积极推动相关工作向下延伸以调动基层深度参与，按照"1＋X"模式建设若干融媒体分中心，让一部分院系单位或学科集群"先融起来"，加强新闻宣传统筹谋划、多向联动，调动各方力量与资源，把报道触角延伸至全校教学科研、管理服务、对外交流的第一线，建立全方位共享、全员化参与、全领域覆盖的融媒化运行新体系。

首批遴选建设 5 个融媒体分中心，致力于平台、实战、渠道赋能，提供政策、人员、资源支持，形成持续工作合力和传播强度，树立示范性的

样板案例。由党委宣传部具体指导,系统梳理各分中心宣传资源,分级分类地纳入学校媒体资源库;结合各分中心历史文化、学科行业、培才育人、创新研究等特点,深入挖掘有深度、有高度、有温度、有传播度的清华故事,打造富有针对性和高契合度的宣传品牌;创新宣传理念、形式和手段,运用先进的融媒形态和方式,拓宽渠道平台,联动全校融媒矩阵、社会主流媒体、网络意见领袖等,放大新闻舆论引导的集约化效应。

## (三)自主开发融媒体业务系统,实现六大系统"一网可达"

清华大学坚持独立设计、自主管理、合作开发、规范实用的原则,经过调研、立项、实施、测试、验收等环节,基本完成了集指挥调度、融媒生产、审核发布、媒资建管、传播分析、辅助保障等功能于一体的校园融媒体新闻业务生产管理系统的开发应用(见图2)。该系统主要服务于党委宣传部及全校各单位的新闻宣传核心业务,针对高校新闻宣传工作"小而全"但定位高、影响广、场景复杂的特点而定制化设计,兼具业务、管理、研究等多重属性,支持各类传统媒体和新媒体通过统一的后台"无缝连接",在任务分派、内容采集、编辑审发、资源调用、渠道联通等方面实现深度融合,助力形成全覆盖、立体化、快响应的传播生态。

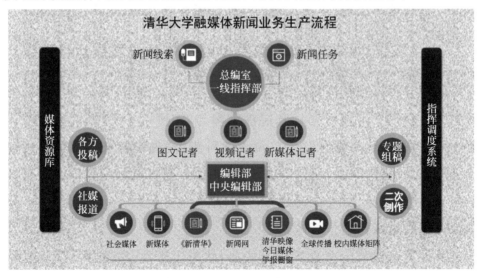

图2 清华大学融媒体新闻业务生产流程示意图

在建设过程中，遵循因地制宜、经济适用的原则，没有在空间和硬件上进行大规模的新建投入，而是依托学校信息化中心的现有基础，将主要设施部署在学校中心机房；集中精力理顺及重塑新闻业务各项流程，与技术公司合作研发符合学校实际需求的功能应用及融媒系统；在整体设计上，强调融合视域下的数字化、网络化、智能化，体现分工协同、集中调度的高效性和共建共享、互动互助的参与性。

### （四）全媒并举，亮点频出，融媒内容生产质效同升

清华大学在实践中不断探索融媒发展规律，在重大宣传任务中深挖潜力、集成创新。围绕庆祝建校110周年，坚持主动策划、同频共振、时效为先、融合为要，全景式、全过程、多向度、多形态开展宣传报道。全力做好习近平总书记来校考察、"大学"系列论坛、中外大学校长全球论坛、校庆大会、联欢晚会、校友活动等重点报道；相继推出《清华新思》《清华故事》《你不知道的清华》《大国工程中的清华力量》等系列原创作品，新媒体总阅读量超过35亿；策划12场"清华进行时"直播，校庆日当天连续直播15小时，观看量超4400万，综合运用VR、多链路等技术，实现12地交互连线；联合中央电视台、凤凰卫视、北京卫视分别制作播放3部大型校庆专题片，在《人民日报》《光明日报》等刊发多个校庆专版和署名文章、实现特稿"五连发"；完成中英文学校主页改版、上线校庆专题网站、组织6轮"联结清华"全球线上互动活动，访问总量近3000万。

围绕庆祝建党百年，启动"党在清华园"主题宣传，以清华大学党史学习教育暨建党百年专题网站、校报《新清华》建党百年专刊、校级新媒体矩阵为主要阵地，推出《基层党建巡礼》系列深度报道、青年教师入党故事系列等，制作完成"明理增信，崇德力行"七一特别微党课、百集党建微纪录片等视频，与《人民日报》新媒体合作推出《少年中国说》MV登上热搜榜，话题总阅读量超6000万。

开展"文风改进年"活动，深入推进内容生产供给侧结构性改革，扩大优质内容产能。以内容建设为根本导向，在议程设置上下功夫，长线

策划、实战练兵,切实增强新闻人员"四力"。坚持"三贴近"原则,以切中肯綮的选题、生动鲜活的内容、简练有情的语言、客观准确的表达、清新朴实的文风,推出一批兼具知识广度、思想深度、站位高度和人文温度的精品佳作。实施"春泥计划",让记者的裤腿沾上泥土、把摄像机摆到劳动现场、把报道写在祖国大地上,在转作风、改文风中推动新闻内容质量和影响力传播力稳步提升。

### (五)建强融媒专业化队伍,加大对基层的指导服务力度

推进融媒体建设的关键在人。清华大学着力加强对全校宣传工作队伍的业务指导和培训,持续通过"拓新计划"系列培训、新媒体沙龙、菜单式"微课堂"等多样化形式,为一线记者、编辑"量身定制"培训方案,打造具备较好融媒意识和能力的采编团队、基层单位新闻宣传专岗队伍、专家顾问、技术支撑协作团队。如主打小而精、专题化、实战化特色的融媒体工作坊,重点围绕融媒创意和实践等模块,通过小班教学、分组研讨、实践指导等方式,引导学员学习新闻报道融合创新规律,完成重点选题的策采编实训,在交流与实践中锻炼提升融媒新闻业务素质能力。同时,将分散在学校各部门各单位的学生记者力量重新整合,支持"春苗"等一批品牌工作室、新媒体团队和项目,举办校园网络文化节,持续实施"启明计划",优化学生成长路径,在培养未来的全媒体人才中体现"三全育人"。

## 三、经 验 启 示

### (一)提高政治站位,推动学校宣传工作实现高质量发展

要坚持以习近平总书记关于宣传思想工作和教育工作的重要论述为指导,加强马克思主义新闻观学习教育,认真贯彻落实《中国共产党宣传工作条例》和党中央相关文件精神。当前,学校正处于迈向世界一流

大学前列新征程的关键时期,比以往任何时候都更加需要坚定的目标引领、高度的思想共识和良好的内外舆论环境,必须把做好宣传思想工作作为事关学校办学根本和长远发展的一项重要任务进一步抓紧抓实抓好。要强化"旗帜""标杆"意识,主动围绕中心、服务大局,把工作重心放到高质量发展上来,以深化校园媒体融合发展为切入点,积极推动学校新闻舆论工作开拓创新,作出表率、起到示范。

### (二)强化守正创新,持续探索校园媒体融合机制和路径

信息技术革命催生媒体形态和传播格局的深刻变革,全程媒体、全息媒体、全员媒体、全效媒体成为面向未来的发展"进行时"。融媒体建设是国内外业界、学界都在讨论探索的新兴领域,是没有现成模式和经验可以借鉴的"无人区"。要坚持目标导向和问题导向,处理好大处着眼和小处着手、内涵精炼和外延拓展、分部细化和集成合力、坚守传承和与时俱进等关系,瞄准重点难点持续发力、久久为功,时刻保持攻坚克难、开拓进取的奋进姿态。要从健全校园融媒传播体系入手,以改进技术为驱动、以优化机制为核心,建立"跨界"合作机制,施行重要选题项目制,加强业务培训研讨和队伍建设。要开放办媒、兼收并蓄,及时跟踪新动态、学习新知识、调研新进展、运用新手段,建立与各界的广泛联系,推动合作共赢。

### (三)坚持系统思维,遵循规律促进多维协同、融合生效

媒体融合的目的在于融而为一的系统化质变,是生成新态的化学反应,不是简单叠加的物理变化。从技术层面,要升级应用智能新闻采编系统、大数据内容生产管理系统、多元化指挥调动中心、传播效果实时监测等平台,实现"多、一、多"流程的融合重塑,提高新技术支撑能力。要激发各单位、专兼职人员队伍和广大师生的创造活力,形成既各有定位、分工负责,又有组织、成体系、高度协同的具有清华特色的融媒工作生态系统。要强化理念、模式、机制、手段的综合创新,以"融"为核心、以"智"

为路径,根据各类媒体的特点调性,发挥所长、凝心聚力,打造具有强大传播力、影响力的媒体矩阵,推动媒体融合不断向纵深发展。

能否抓好融媒体建设,是新形势下高校新闻宣传工作所面临的一次不进则退的重要挑战,也是一次主动改革、弯道超车的难得机遇。面向未来,清华大学将强化"大宣传"理念和"一盘棋"机制,继续基于思维通融、资源交融、内容兼融、人员互融深入推进媒体融合发展,以高质量的宣传思想工作为推动学校开拓中国特色世界一流大学高质量发展新局面提供充分的思想保证、舆论支持、精神动力和文化条件。

(执笔人:戚天雷、李晨晖、覃川)

# 高质量开展全面从严治党集中教育月活动

## ——清华大学加强党风廉政建设宣传教育的实践与经验

## 一、背 景 情 况

全面从严治党是新时代党的自我革命的伟大实践,是党永葆生机活力、走好新的赶考之路的必由之路。《党委(党组)落实全面从严治党主体责任规定》明确要求,党委(党组)应当开展经常性的全面从严治党宣传教育,注重发挥正反典型的示范警示作用,在本地区本单位营造全面从严治党良好氛围。高校的根本任务是立德树人。开展全面从严治党宣传教育是高校党委落实全面从严治党主体责任的重要体现,对于加强高校党风校风建设、营造良好育人环境具有重要意义。

2001年,北京市委贯彻落实十五届中央纪委六次全会精神,决定每年5月中旬至6月中旬在全市范围开展党风廉政建设宣传教育月活动。按照上级要求,清华大学党委从2002年开始每年举办全校党风廉政建设宣传教育月活动,从2019年起更名为全面从严治党集中教育月活动(下文统称"集中教育月")。20年来,学校党委不断探索、守正创新,高质量推进集中教育月活动,教育引导全校党员筑牢纪律观念、强化纪律意识、严守纪律要求。实践证明,每年坚持开展时间集中、内容具体、针对性强的集中教育月活动,对于全校各级党组织和全体党员、干部及时学习了解中央政策、认真贯彻落实全面从严治党任务要求发挥了重要作用,为营造风清气正的育人环境、推动学校事业健康发展提供了有力保障。

## 二、主 要 做 法

### (一) 聚焦鲜明主题

清华大学党委每年都会根据中央精神和上级要求,聚焦一个鲜明主题展开集中教育月活动。例如,2003年底《中国共产党纪律处分条例》《中国共产党党内监督条例(试行)》正式印发,2004年学校党委把集中教育月主题设定为"学习贯彻两个《条例》",并邀请国家监察部副部长来校作关于两个《条例》的学习辅导报告。2012年12月中央八项规定出台,2013年学校党委即以"切实加强作风建设,始终保持党的先进性和纯洁性"为主题开展集中教育月活动。2021年学校党委接受了十九届中央第七轮巡视,当年的集中教育月活动就围绕"提高政治能力,强化责任担当,扎实做好中央巡视整改"的主题开展。聚焦鲜明主题,使得集中教育月活动的"集中"特点更为突出,教育效果更加深入。

### (二) 打造"四个一"模式

经过20年的探索实践,集中教育月活动的内容逐渐丰富、形式逐渐规范,形成了"四个一"模式,即举办一场面向全校中层以上干部及重点领域、重要岗位人员的专题报告会,校系两级党委理论学习中心组进行一次全面从严治党专题学习,全校各党支部开展一次全面从严治党专题组织生活,在全校范围开展一次校园专项治理。

以2020年的集中教育月活动为例。学校党委召开全面从严治党工作会议暨全面从严治党集中教育月活动启动会议,全校中层及以上干部出席,时任校党委书记陈旭作题为"夯实主体责任,一以贯之从严,以政治过硬、作风优良决胜疫情大考和收官之年"的专题报告。全校各二级单位党委理论学习中心组分别开展全面从严治党专题学习。如机械系党委理论学习中心组集中学习了习近平总书记在十九届中央纪委四次全会上的重要讲话精神,法学院党委理论学习中心组集体观看了全面从严治党警示教育片《叩问初心》并进行交流讨论。全校教职工党支部和学生党支部也按要求开展了全面从严治党专题组织生活。如校工会党支部书记向支部成员传达了学校党委关于开展全面从严治党集中教育月活动的通知要求,介绍学校全面从严治党工作进展,通报了典型违纪案例并提出工作要求。社科博182党支部集体学习了习近平总书记关于全面从严治党的重要论述,结合学习生活实际展开深入讨论,进一步增强了践行"两个维护"的政治自觉。在集中教育月期间,根据学校党委全面从严治党从严治校专项整改工作部署,党办校办、财务处、审计室、纪委办公室联合开展全校经费收支情况自查自纠专项检查,深化贯彻落实中央八项规定精神,进一步规范经费收支管理。

### (三)点名道姓开展警示教育

《中国共产党党内监督条例》要求,对违反中央八项规定精神的,严重违纪被立案审查开除党籍的,严重失职失责被问责的,以及发生在群众身边、影响恶劣的不正之风和腐败问题,应当点名道姓通报曝光。2017年,在接受十八届中央第十二轮巡视后,清华大学党委落实中央巡视整改要求,发布《关于巡视整改情况的通报》,明确在每年的集中教育月活动中进行一次全校性警示教育,点名道姓地通报学校发生的违纪违法问题,并将相关材料发放到党支部。在当年的集中教育月启动会上,校党委副书记、校纪委书记面向全校中层以上干部作警示教育报告,第一次以点名道姓的方式通报了十八大以来校内发生的违纪案例,在师生员工中引起了强烈反响。

此后,每年集中教育月活动中,学校党委、学校纪委主要负责人都面向全校干部作点名道姓警示教育,通报一段时间以来学校查处的违纪典型案例、师德师风问题及问责情况,深入剖析违纪问题产生的根源,以案说法、以案说纪、以案说德、以案说责,严肃提出纪律要求,产生很强的震慑效果。

### (四）搭建资源平台

集中教育月活动能够在短期内有效提高全面从严治党宣传教育的热度和效果，但要巩固教育成效，还需要做好长期工作。在历年的集中教育月活动中，学校党委都非常注重对相关宣传教育资源的积累，主动搭建各类资源平台。一是建立案例资源库，编印并下发《学习参考资料》《警示教育材料选编》《教育部直属系统及学校违纪违法典型案例集》等警示材料，给全校党员、干部和广大师生提供学习参考。二是建立网络资源库，通过在学校信息门户网站设立教育月专栏、在新媒体平台开设警钟长鸣栏目并每周定期发布警示教育典型案例、循环播放专题警示片等方式进一步丰富集中教育月的学习内容。三是建立组织资源平台，面向全校教师举办培训会，针对科研经费使用、财务报销、师德师风等重点问题进行政策解读；举办全校纪检干部培训班，提升政治素质，提高专业化能力。

## 三、经验启示

### （一）党委主体责任和纪委监督责任协同贯通、一体落实

学校党委、学校纪委坚决扛起全面从严治党主体责任和监督责任，把集中教育月活动作为推进全面从严治党从严治校的有力抓手，由学校党委统一领导，纪委协同配合，确保活动高质量开展。学校党委每年制定活动总体方案，发布《关于开展全面从严治党集中教育月活动的通知》等政策文件，明确集中教育月的目标、主题、内容、方式，对活动组织工作进行全面部署，对全校党员、干部提出明确要求。学校纪委积极配合党委工作，充分发挥自身作用，全程参与活动的筹备、组织、协调、督导与验收等环节，保障相关工作的有序、有力开展。

## （二）紧贴师生实际，提升宣传教育的针对性有效性

学校党委坚持集中与多样相统一，在集中教育月活动中既安排面向全校师生的宣传教育活动，又针对不同师生群体的特点和实际需求，开展有针对性的宣传教育。面向党员、干部，重点加强党章党规和党性党风党纪教育，坚定理想信念，牢记初心使命，增强不想腐的自觉，清清白白做人、干干净净做事。面向教职工，重点加强师德师风教育，引导教师潜心学术、倾心育人，加强对"人财物"等重点领域和关键岗位人员的廉洁教育，增强规范化管理和风险防控能力。面向学生，着力培养爱党爱国、遵规守纪、廉洁守法的优良品格，在理想信念、学习科研、择业就业中发挥表率作用。面向科研项目负责人，强化制度规范专题学习，促进科研管理规范化科学化水平不断提升。

## （三）紧密围绕学校中心工作，把宣传教育成效体现在解决问题、推动落实上

学校党委坚持推动集中教育月活动紧密围绕学校中心工作开展，将全面从严治党、党风廉政建设宣传教育与党员队伍建设、教职工队伍建设、学生思想政治工作紧密结合起来，与教育教学、科研创新、管理服务等工作紧密结合起来。通过集中教育月活动，学校进一步加强了科研经费管理、国有资产管理，加强了校办产业、后勤保障、附属医院等风险领域的从严管理，相关部处主动面向一线教师加强了重要制度、政策的宣讲解读。从2019年开始，学校党委取消了让各单位报送集中教育月活动信息和总结材料的要求，在办好活动的同时，注重为基层减负。

（执笔人：常悦、黄学永）

# 深刻理解把握新时代巡视工作内涵 高质量完成内部巡视全覆盖

——清华大学党委巡视工作经验做法

## 一、背景情况

巡视是推进党的自我革命、全面从严治党的战略性制度安排,是上级党组织对下级党组织履行党的领导职能责任的政治监督。清华大学党委坚持以习近平新时代中国特色社会主义思想为指导,深入贯彻党的十九大和十九届历次全会精神,深刻领悟"两个确立"的决定性意义,增强"四个意识"、坚定"四个自信"、做到"两个维护",依据《中国共产党巡视工作条例》,按照党中央有关巡视工作的要求和部署,坚决扛起主体责任,全面贯彻巡视工作方针,建立完善内部巡视制度。2018年6月,启动第一轮内部巡视工作,2020年底完成对全校52个二级单位党组织和35个党政职能部门的内部巡视全覆盖,2021年开展师德师风专项巡视,2021年至2022年完成对全部被巡视单位的巡视整改"回头看"。

经过近五年的实践,学校党委在第十四届任期内实现了内部巡视全覆盖,实现了被巡视单位选派干部参加巡视工作的全覆盖,实现了对被巡视单位集中整改情况验收的全覆盖,实现了巡视整改"回头看"的全覆盖,巡视综合监督成效明显。党对学校全面领导的体制机制更加健全,被巡视单位党组织、党政领导班子的政治意识和担当精神明显增强、践行"两个维护"更加自觉,党组织的政治功能有效发挥,全面从严治党不断向纵深发展,政治生态和党风校风学风持续向上向好,基层党建质量进一步提高,广大师生切身感受到了巡视带来的新变化新成效。巡视利剑作用有力彰显,为贯彻落实党中央决策部署、推动学校"双一流"建设提供了重要政治保障。

## 二、主要做法

### (一)提高政治站位,加强组织领导,扎实推进内部巡视工作

强化政治定位。学校党委紧紧围绕"两个维护",贯彻习近平总书记关于教育重要论述以及对清华大学的重要讲话、指示批示和贺信回信寄语精神,聚焦"国之大者",聚焦党中央大政方针和校党委决策部署贯彻落实情况,紧扣落实立德树人根本任务,紧盯被巡视单位履行职能责任情况和师生员工反映较多、较强烈的问题开展政治监督。

强化机构建设。学校党委成立巡视工作领导小组,校党委书记任组长、校纪委书记任副组长。设立巡视办,作为党委工作部门和巡视工作领导小组日常办事机构,承担统筹协调、指导督导、服务保障工作职责。巡视组由学校党委统一任命,一轮一授权。形成了党委统一领导,巡视机构具体实施,各部门各单位各负其责,广大被巡视单位积极配合的组织体系。

强化责任落实。学校党委定期研究巡视工作,制定巡视工作规划,明确时间表和任务书,每年把内部巡视纳入校党委重点工作。五年来,共召开27次常委会和24次领导小组会议,推动巡视监督常态化制度化。校党委书记主持召开48次专题会议,逐一听取每轮每组巡视情况汇报和每个被巡视单位集中整改验收汇报。

## (二)聚焦职能责任,突出政治监督,立足高校实际把握政治巡视内涵

紧盯被巡视单位职能责任。针对二级单位党组织和党政部门职能责任、特点规模,分类构建和完善监督重点,重点检查被巡视单位学习贯彻习近平总书记关于教育的重要论述和对清华大学重要讲话重要指示精神、党组织发挥政治功能、坚持社会主义办学方向、落实立德树人根本任务、推进全面从严治党、贯彻新时代党的组织路线、深化中央巡视整改等情况,面向二级单位党组织和党政职能部门监督重点分别从43个和20个增加到68个和49个。

紧盯重点单位和关键少数。针对选人用人、意识形态、招生考试、基建后勤、招标采购、科研经费、师德师风、继续教育、合作办学、附属医院、校属企业等权力集中或易发问题的单位领域进行重点巡视,从业务问题中发现政治偏差。党委书记在逐一听取每个巡视组专题汇报巡视情况时尤其关注班子情况,特别是班子成员的重点问题和信访举报,分析各单位共性问题,研究提出处置意见,实现精准画像。

紧盯师生反映强烈的突出问题。坚持面对面听取师生意见建议,发挥巡视密切联系群众的纽带作用。常规巡视累计开展个别谈话4268人次,发现问题1113个,向有关职能部门提出工作建议77条。针对社会和师生普遍关注的师德师风问题,对全校38个单位开展了师德师风专项巡视。经过整改,95%的师生员工认可所在单位的整改成效。

## (三)坚持"改"字当头,层层压实责任,做深做实巡视"后半篇文章"

建立责任落实机制。明确被巡视二级单位党组织书记和党政职能部门主要负责人是整改第一责任人,班子成员按照分工落实整改任务。被巡视单位召开专题民主生活会,制定整改方案和台账。建立上下联改机制,针对巡视发现的共性问题,从学校层面加强制度建设,校领导班子

成员主动认领整改任务35项,并指导相关责任部门办理落实,力求举一反三、标本兼治。

建立整改验收机制。党委巡视工作领导小组专题会逐一听取被巡视单位整改情况汇报,校党委书记对每个单位逐一进行深入细致的点评,给出是否通过的总体评价,对进一步深化整改提出要求。个别因整改不到位未通过的单位进行了深入整改和重新汇报。成立了由纪委办、组织部、巡视办相关负责人组成的巡视整改监督工作组,通过调研督导等方式,加强对整改的日常监督。将整改情况纳入党建评估、部门评估指标体系。

建立整改"回头看"机制。面向所有被巡视单位开展满意度调查,共回收2433份问卷,调研了解被巡视单位整改公开、重点难点问题整改实效等情况。紧盯被巡视单位落实整改主体责任、整改取得成效、建立长效机制等情况,分3批次对全部被巡视单位开展了巡视整改"回头看",共查找共性问题40个方面、个性问题229个,集中反馈通报检查结果,传导压力,共性问题系统整改,推进巡视整改常态化、长效化。

### (四)完善监督体系,坚持贯通融合,发挥巡视综合监督作用

统筹力量资源。督促有关单位落实《关于健全学校监督体系加强监督协同的意见》,推动巡视与其他监督贯通融合,共享监督成果,促进构建系统集成、协同高效的监督体系。各职能部门做好情况通报和人员选派。巡视办加强与有关职能部门对重要问题的会商研判,进一步提高发现问题的精准性。

统筹一体整改。指导督促被巡视单位在集中整改期内把巡视整改与党建、思政、教学、科研、管理、服务等工作紧密结合,与中央巡视整改、审计整改和"不忘初心、牢记使命"主题教育、党史学习教育等检视问题整改有机贯通,多张清单合一,一体研究、一体整改、一体推进。切实做到把整改融入日常工作,融入深化改革,融入全面从严治党,融入班子队

伍建设。

统筹成果运用。推动强化成果运用和整改监督,将巡视反映的涉及执行民主集中制、基层党组织建设以及干部不担当不作为等问题移交组织部处置;收到的问题线索移交纪委办处置;收到的意见建议移交有关职能部门,在规定时限内进行办理。对巡视发现的共性和典型问题,在全校干部会等会议上进行通报,发挥巡视综合监督的警示作用。

## (五)健全制度规范,配强干部队伍,夯实内部巡视工作基础

加强制度建设。根据中央要求及时制定实施办法、整改和成果运用等制度,持续完善、巡视机构工作规则、巡视工作程序与工作方法、巡视组内部管理与工作纪律等文件,建立巡视情况报告机制,完善巡视组、巡视办与被巡视单位主要负责人沟通机制,优化全链条工作程序,制作巡视组工作流程图和工作模板66个,形成了涵盖巡视工作各环节各流程的制度体系。

加强队伍建设。选优配强巡视专职干部,选派政治坚定、原则性强的干部进入巡视组担任兼职巡视干部。注重教育培训,开展动员部署培训会,强化"传帮带"。为巡视组提供集中办公驻地,配备必要的办公设备。选派专职干部参加中央巡视和教育部党组巡视"以干代训"、参加上级组织的各类培训班。内部巡视共派出67个巡视组,巡视干部311人、430人次,在实践中建立和锤炼了专兼职两支巡视干部队伍。

加强信息化建设。立项开发巡视信息管理系统,建设巡视办、巡视组、被巡视单位、相关部门、系统管理五大功能模块,建立巡视干部电子信息库,初步构建被巡视单位整改监督反馈工作闭环,巡视办、纪委办、组织部实时了解督促整改,以信息化促进规范化,提升了巡视工作效率和水平。

# 三、经验启示

## （一）抓准定位，精准落实政治巡视要求

巡视是政治巡视，本质上是政治监督。内部巡视要准确把握"两个维护"根本任务，督促全校各单位把"两个维护"体现在坚决贯彻习近平总书记重要讲话重要指示批示精神的行动上，体现在履职尽责、做好本职工作的实效上，体现在党员、干部的日常言行上。要紧扣"国之大者"，围绕主责主业，把握全面从严治党阶段性特征，坚持"严"是唯一标准，聚焦党中央大政方针和学校党委决策部署贯彻落实情况，从政治上发现问题、查找政治偏差，推动解决问题，促进学校中心工作发展。

## （二）抓实责任，稳步有序开展巡视工作

政治巡视是高校党委落实全面从严治党主体责任的重要抓手。学校党委要切实担起主体责任，认真学习贯彻党中央关于巡视工作部署要求，结合办学实际科学谋划部署、制定落实举措。党委书记要履行第一责任人责任，班子其他成员要落实"一岗双责"，巡视工作领导小组要落实组织实施责任，巡视办要积极发挥参谋助手作用，落实好"统筹协调、指导督导、服务保障"职能责任，巡视组要加强组织领导，严格按照授权开展巡视工作。

## （三）抓住重点，切实体现高校特点规律

巡视要坚持有形覆盖和有效覆盖相统一。既要按照"四个落实"总体要求开展监督，又要把握高校立德树人、服务国家的自身特点规律和责任压力传导还不到底、严的氛围没有完全形成的阶段性特征；既看现状、揭示突出问题，又看变化、分析发展趋势。要坚持分类指导，有的放矢开展监督，对于院系党组织要突出针对教学、科研和人才培养主体的

职责特点开展监督检查,对于直属附属单位和党政职能部门要重点看落实上级决策部署、履行职能责任、防控廉洁风险、规范权力运行、作风建设等情况。

### (四)抓细整改,做好巡视"后半篇文章"

政治巡视发现的问题,必须从政治上去解决。学校党委要把整改作为管党治校的有力抓手,强化落实各方整改责任,坚持全面整改、突出重点,以巡促改、以巡促建、以巡促治。学校党委要强化落实各方整改责任,抓好集中整改并建立整改和成果运用长效机制。要适时开展巡视整改"回头看"和专项监督检查,进一步巩固巡视成果,强化被巡视单位主动履行巡视整改主体责任的意识,确保巡视整改取得成效,增强师生员工获得感。落实学校纪委和党委组织部的监督责任,加强相关职能部门成果运用,强化巡视机构统筹督促责任,推动形成监督合力。

### (五)抓牢基础,提高巡视工作规范化、法治化、正规化水平

完善制度机制、建强干部队伍是做好高校内部巡视工作的关键。要加强巡视制度体系建设,学习借鉴中央巡视制度成果,及时总结实践中形成的好做法、好经验并固化为制度,形成符合中央精神、切合学校实际的巡视制度体系。要加强巡视干部队伍建设,选优配强备足巡视专兼职干部,加强教育培训,增强履职能力。要坚持严管和厚爱并重、激励和约束并举,加强巡视组纪律作风建设,严明工作纪律,把巡视作为干部培养选拔的重要途径,让干部在巡视中锤炼党性、镜鉴自身、成长提高。

(执笔人:宋元龙、王艳、熊倪娟)

# 后　　记

为全面总结新时代以来清华大学综合改革和"双一流"建设经验，在学校主要领导的指导下和各单位的大力支持下，我们组织编选了《走向卓越——清华大学新时代一流大学建设探索与实践案例（第一辑）》。

本书由政策研究室牵头，党委组织部、党委宣传部、党委学生部、党委研究生工作部、党委武装部、纪检监察机构、党委巡视工作办公室、校团委、教务处、研究生院、科研院、文科建设处、发展规划处、国际合作与交流处、人事处、财务处、法治与法务办公室、文化建设办公室、学生社区管理服务中心等单位参与编写。在编选过程中，党委宣传部、出版社等单位给予了大力支持。在此，谨对所有给予本书帮助支持的单位和同志表示衷心感谢。

由于水平有限，书中难免有疏漏和错误之处，敬请广大读者提出宝贵意见。

本书编写组<br/>
2022 年 11 月

# 编 委 会

主　任：邱　勇

副主任：向波涛　许庆红

成　员：（按姓氏笔画为序）

　　　　王亚愚　方华英　丛振涛　朱安东　刘　波
　　　　刘奕群　刘涛雄　关兆东　孙海涛　李志华
　　　　杨永恒　杨殿阁　时松海　余潇潇　张晨颖
　　　　张　婷　陈煜波　欧阳证　周　杰　郑　鹏
　　　　赵　岑　赵　鑫　郝永红　郦金梁　贾　珈
　　　　唐亚平　覃　川　薛　澜

# 本书编写组

主　编：孙海涛

副主编：解　峰　凌　云　吴筱君

成　员：李晨晖　张　新　刘宇航　胡　轩　赵天仪